게으른 엄마의 육아혁명

독립적인 아이로 키우는 육아법

게으른 엄마의 육아혁명

독립적인 아이로 키우는 육아법

뿌쉬낀하우스

안나 브이코바 지음 · 이은희 옮김

이 책에서
당신이 알게
될 것은:

- ✓ 아이가 자기 침대에서 잠들고, 장난감을 치우고, 혼자 옷 입게 하는 법

- ✓ 아이를 도와주어야 할 때와 지켜봐야 할 때를 구별하는 법

- ✓ 내 안의 완벽주의 엄마를 끄고, 게으른 엄마를 켜는 법

- ✓ 과보호의 위험성과 과보호를 피하는 법

- ✓ 아이가 "난 못 해."라고 말할 때 대처하는 법

- ✓ 아이가 자신의 '힘'을 믿게 하는 법

- ✓ 코칭 육아

목차

9 _ 추천사   11 _ 들어가는 말   12 _ 옮긴이 말

제1장
나는 왜 게으른 엄마가 되었나

17	나는 게으른 엄마다
28	'게으른 엄마'의 탄생
33	의존적인 아이는 부모에게 유익하다
38	'나는 독립적인가'
46	아이에게는 어떤 엄마가 필요한가
53	몇 세부터 '게으른 엄마'를 적용할 수 있는가
56	숟가락은 언제 줘야 할까? 전동 드릴은?
61	독립성과 아이의 안전
62	아이가 자람에 따라 넓어지는 경계의 예
67	부모의 불안감
72	통제에 대해
78	부모가 계획하는 아이의 미래
89	부모의 완벽주의
92	'게으른 엄마'가 되지 못하는 이유
101	혼자 옷을 입으려고 하지 않는 아이
107	변기에 앉으려고 하지 않는 아이

제2장
일상에서 싹트는 독립성

115	혼자 놀기
120	혼자 먹기
122	혼자 잠자리에 들기
129	집안 내력
133	엄마만의 시간
135	자지 않는 아이
144	자기 침대에서 잠들기
149	장난감 정리하기
161	부모의 도움이 해로울 때
164	"해도 돼"와 "안 돼"의 균형
169	아이가 "난 못 해."라고 말할 때
173	아이가 "할 수 있어."라고 말하게 하려면

제3장
독립적인 아이에서 독립적인 어른으로

179	한 번에 말을 따르게 하려면
184	스스로 선택하기
191	아무것도 하고 싶어 하지 않는 아이
195	자기결정능력
198	친구 선택하기…
202	…그리고 이성친구 선택하기
205	독립성과 도덕
212	누가 문제를 해결할 것인가
216	열심히 일할 수 있는 능력
221	게으른 엄마의 요리
228	책가방과 장바구니
234	'게으른 엄마'가 되기에 늦은 때란 없다
241	너무나 '독립적이지 못한' 청소년
243	책임 위임하기
248	죄책감과 책임감
254	코칭 육아법
254	코칭의 기본 4단계
256	아이를 이끄는 '마법의 질문'
264	여자아이에게도 독립성이 필요한가
267	경제적 독립
273	맺음말

추천사

이 책은 단순하지만 결코 '뻔하지' 않은 이야기를 담고 있다.

젊은이들의 소아증이 지금처럼 문제가 된 적은 없었다. 요즘 부모들은 아이와 관련된 모든 일에 참여하고 아이를 대신해 결정하고 아이의 인생을 계획하고 아이의 문제를 모두 해결해 주며 아이의 삶을 대신 살아 줄 만큼 에너지가 넘치는 것인가. 나는 묻고 싶다. 이것이 정말로 아이에게 필요한 일인가. 혹시 부모가 자신의 삶에서 아이의 삶으로 도피하는 것은 아닌가.

이 책은 부모들에게 부모라는 역할에만 함몰되지 말고 그 경계를 뛰어넘어 자기 자신을 다시 찾도록 길을 제시한다. 또한 부모가 모든 것을 통제하려는 욕구와 불안감에서 벗어나 아이가 독립적이고 자율적인 삶을 살아갈 수 있도록 조금씩 놓아주는 방법에 대해 이야기한다.

쉽고 유머러스한 표현, 저자의 경험에서 나온 풍부한 사례 덕분에 즐거운 마음으로 이 책을 읽었다. 이것은 이야기 책이자 동시에 사색을 위한 책이다. 저자는 "이렇게, 이렇게, 저렇게 하라"고 지시하지 않는다. 독자 스스로 다시 한 번 생각하고, 유사점을 찾아내고, 다양한 상황에 주의를 기울일 것을 당부할 뿐이다. 동시에 정해진 규칙에서 벗어나도 되는 상황들을 함께 이야기한다.

많은 부모들이 완벽한 부모가 되어야 한다는 의무감과 그렇게 하지 못한다고 느끼는 데서 오는 죄책감에 괴로워한다. 그러나 끝없이 부모를 괴롭히는 이러한 의무감과 자책은 아이들과 조화로운 관계를 만들어가는 데 결코 도움이 되지 않는다.

저자가 이야기하는 좋은 엄마가 되는 법, 그리고 아이가 자신의 인생을 독립적으로 살아갈 수 있도록 가르치는 법은 이러한 부모들에게 분명 적잖은 도움을 줄 것이라고 믿는다.

블라디미르 코즐로프,
심리학 박사, 국제심리과학원 회장

들어가는 말

'나는 왜 게으른 엄마가 되었나'라는 글을 인터넷에 처음 올린 후 수 년이 흘렀다. 글은 부모들 사이에 유명한 포럼과 카페 들을 두루 거치며 여전히 인터넷을 떠돌아다니고 있다. 심지어 브콘탁테Vkontakte(활성사용자 수가 천 만이 넘는 러시아의 대표적인 SNS - 역자 주)에는 '안나 브이코바, 게으른 엄마' 그룹까지 만들어졌다.

그 당시 내가 다루었던 '아이의 독립성 기르기'라는 주제는 매우 활발한 토론을 불러일으켰다. 이 책이 출간된 후에도 여전히 이 주제를 놓고 많은 이들이 논쟁을 이어가며 수백 수천씩 댓글을 남기고 있다.

나는 게으른 엄마다. 그리고 이것이 어떤 이들에게는 태평하고 이기적인 엄마로 보일 수도 있다. 왜냐하면 나는 내 아이들이 독립적이고, 자발적이고, 책임감 있기를 바라기 때문이고, 이는 곧 이러한 자질들을 발휘할 기회를 아이에게 주어야 한다는 뜻이기 때문이다. 이때 나의 게으름은 자연스러운 제동장치로 작동하여 지나친 부모활동을 하지 않도록 막아 준다. 아이의 삶이 수월해지라고 모든 걸 아이 대신 해 주는 행동들 말이다. 나는 게으른 엄마를 슈퍼맘에 대비시킨다. 즉 모든 것이 '슈퍼'인 엄마. 활동도 슈퍼, 불안도 슈퍼, 보호도 슈퍼인.

옮긴이 말

'엄마'는 늘 바쁘고 부지런하다. 나의 엄마를 보아도, 엄마인 나를 보아도, 내 주위 다른 엄마들을 보아도, 어디를 보아도 언제 보아도 엄마들은 늘 바쁘고 부지런하다. 그런데 게으른 엄마라니…? 게다가 그러한 '게으른 엄마'가 독립적인 아이, 자기 할 일을 스스로 하는 아이를 키울 수 있다니. 늘 시간에 쫓기며 육아 전쟁(?)을 치르는 부모들에게 이보다 더 솔깃한 이야기가 또 있을까.

교육자이며 아동심리학자이자 상담심리학자인 저자는 다양한 연령대의 아동-청소년들을 만나고 대하며 얻은 경험, 그리고 두 아들을 키우는 과정에서 겪은 생생한 경험을 바탕으로 무엇이 아이를 독립적으로 만드는지, 어떤 환경에서 아이가 성숙한 어른으로 자랄 수 있는지 이야기한다. 저자는 이를 한 문장으로 요약한다. "부모들이 조금만 게을러서 아이 대신 해 주지 않으면 아이는 독립적이 될 수 밖에 없다." 다시 말해 부모가 완벽주의와 불안감을 내려놓고 아이가 스스로 행동할 수 있는 여지를 남겨준다면 아이는 (자연스럽게!) 스스로 행동한다는 것이다. 그러나 저자 역시 우려 섞인 목소리로 부언했듯이 사실 이는 진짜 게으름에 관한 이야기가 아니다. 이것은 끝없는 선택과 불안의 연속인 육아에서 내 소중한 아이를 주의 깊게 지켜보고 관찰하며, 아이가 딱 한 걸음씩만 앞에 있는 것들을 마음껏 시도하며 나아갈 수 있도록 세심하게 조절하고 이끌어주는 부모의 역할에 대한 이야기이다. 결코 쉽지 않은 이 역할을 저자는 그러나 자신의 실제 경험을 통해 유쾌하고 명료하게 서술한다. 원론적이고 모호한 이야기들은 등장하지 않는다. 바로 여기에 저자와 이 책의 매력이 있다.

또한 러시아는 유럽의 어떤 나라와 비교해도 국민의 기초 교육 수준이 매우 높은 나라 중 하나이다. 부모들의 교육열 역시 우리나라와 크게 다르지 않으며, 일부 유럽 국가들과는 달리 조부모가 손자의 양육을 직접 돕는 일이 매우 자연스럽게 받아들여지는 나라이기도 하다. 이러한 문화적 유사성 덕분에 본문에 종종 등장하는 조부모들의 일화 역시 우리에게는 낯설게 느껴지지 않는다.

번역 도중 몇 번이나 작업을 멈추고 생각에 잠기기도 하고, 어렴풋이 떠오르는 생각들을 생활 안에서 구체화해 보기도 하며 나 자신의 육아 철학과 경험을 수차례 되돌아보았다. 엄마로서 내가 지난 십여 년 동안 늘 고민했고 여전히 고민하고 있는 주제가 이 책 안에 오롯이 녹아 있기 때문이다.

'어떻게 하면 내 아이를 당당하고 독립적인 어른으로 키워 세상에 내보낼 수 있을까.'

책이 담아낸 이 묵직한 주제는 저자의 유머감각을 만나

조금도 무겁지 않게, 오히려 유쾌하고 자연스러운 방식으로 독자에게 전달된다. 미소가 절로 나오는 예시들과 부모로서 마냥 웃을 수만은 없는 예시들 사이를 오가며 경쾌하게 펼쳐지는 심리학자 엄마의 이야기에, 동시대를 살고 있는 우리나라의 부모들 역시 깊이 공감하리라 믿는다. 끝으로, 늘 아이를 위해 고민하며 육아라는 긴 여정을 걷고 있는 부모들에게 저자의 글 한 구절을 함께 전하고 싶다.

'내일은 더 잘하게 될 것이라는 믿음이 아이를 움직이게 한다.'

이은희
연세대학교 노어노문학과를 졸업하고 러시아 상트페테르부르크 대학 사회학부 대학원에서 문화인류학을 공부했다. 귀국 후 러시아교육문화센터 뿌쉬낀하우스에서 총괄팀장으로 재직하며 한러 문화교류와 출판을 담당했고 지금은 연세대학교에서 러시아어를 가르치며 문학 및 인문 분야 번역가로 활동하고 있다.

제1장

나는 왜
게으른 엄마가
되었나

나는 게으른 엄마다

　유치원 교사로 일하면서 나는 아이를 과보호하는 부모들을 자주 보았다. 슬라빅의 부모도 그중 하나였다. 슬라빅은 세 살*이었다. 매사에 불안을 느꼈던 슬라빅의 부모는 아들이 늘 밥을 다 먹어야 한다고 생각했다. 안 그러면 비쩍 마를 거라고. 슬라빅은 키도 작은 편이 아니었고 뺨도 포동포동해서 저체중의 우려가 전혀 없었는데도 무슨 이유에서인지 부모는 아이가 깡마르게 될까 봐 무척 불안해했다. 집에서는 무엇을 먹이며 어떻게 키우는지 알 수 없었지만 유치원에서 슬라빅은 어떤 음식이 나와도 식욕을 보이지 않았다. "끝까지 다 먹어야지!" 하는 엄격한 부모의 지령을 들으며 자란 아이는 접시에 담긴 걸 모두 기계적으로 씹어 삼켰다! 게다가 슬라빅은 '아직 혼자 먹지 못해서' 매번 밥을 떠먹여 줘야 했다.

　슬라빅은 정말로 혼자 먹지 못했다. 스스로 먹어 본 경험 자체가 없었다. 슬라빅이 유치원에 온 첫날 나는 음식을 먹여 주면서 아이가 아무런 감정 없이 밥을 먹는 모습을 관찰했다. 숟가락을 가져가면 입을 벌리고 씹고 삼키고, 또 한 숟갈 주면 다시 입을 벌리고 씹고 삼키

＊　이 책에서 말하는 연령은 모두 만 나이이다. (역자 주)

고…. 사실 유치원에서 나오는 죽이 썩 맛있지는 않았다. 죽은 걸핏하면 중력에 반기를 들곤 해서, 접시를 뒤집어도 떨어지지 않고 접시 바닥에 걸쭉하게 붙어 있을 때도 많았다. 그날도 많은 아이들이 죽을 남긴 이유를 나는 충분히 이해할 수 있었다. 그런데 슬라빅은 그 죽을 다 먹었다.

내가 물었다.

— 이 죽 맛있니?

— 아니요.

그러면서도 슬라빅은 입을 벌리고 씹고 또 삼켰다.

― 더 가져올까?

숟가락을 가까이 가져가며 물었다.

― 아니요.

그러면서 또 입을 벌리고 씹고 삼켰다.

― 먹기 싫으면 안 먹어도 돼.

내가 이렇게 말하자 슬라빅은 놀라서 눈이 동그래졌다. 슬라빅은 먹기 싫으면 먹지 않을 수 있다는 걸 몰랐다. 원할 수도 있고, 원하지 않을 수도 있다는 걸 몰랐다. 음식을 다 먹을지 남길지를 자신이 결정할 수 있다는 걸 몰랐다. 자신이 바라는 걸 말할 수 있다는 것도 몰랐다. 그리고 자신의 바람을 다른 사람이 들어주길 원할 수 있다는 것도 몰랐다.

자녀에게 필요한 것을 자녀 자신보다도 잘 아는 부모에 관한 멋진 유머가 있다.

― 표트르, 얼른 집에 가자!

― 엄마, 왜요, 나 추워요?

― 아니, 너 배고파.

> 부모가 자녀의 모든 욕구를 예단하려고 하면, 아이는 이후로도 오랫동안 자신이 필요로 하는 걸 깨닫고 도움을 청하는 법을 배우지 못한다.

한동안 슬라빅은 처음 가져 보는 음식거부권을 즐기며 달콤한 주스만 마셨다. 그러다가 점차 음식이 맛있으면 더 달라고 하기 시작했고, 음식이 마음에 들지 않으면 조용히 접시를 밀어 놓았다. 스스로 선택하는 능력이 생겨난 것이다. 얼마 후 우리는 더 이상 슬라빅에게 밥을 먹여 주지 않았고 아이는 혼자서 먹기 시작했다. 음식을 먹는 건 자연적인 욕구이다. 아이는 배가 고파지면 언제나 스스로 먹는다.

나는 게으른 엄마다. 게으른 엄마는 도저히 몇 년씩이나 아이들에게 밥을 떠먹여 줄 수가 없다. 아이가 돌만 지나면 나는 숟가락을 건네주고 그 옆에 앉았다. 내 아들들은 생후 18개월 무렵에 이미 포크를 다룰 줄 알았다. 물론 혼자 먹는 기술이 완성되기까지는 매번 식사 때마다 엉망이 된 테이블과 바닥을 닦아 내고 아이를 씻겨야 했다. 나는 '가르치는 건 귀찮아, 내가 후딱 해 주고 말자.'와 '직접 하는 건 귀찮아, 얼른 가르치자.' 사이에서 후자를 선택했다.

또 하나의 자연적인 욕구는 배변이다. 슬라빅은 번번이 바지에 소

변을 봤다. 우리가 당혹스러워하자 슬라빅의 엄마는 "집에서는 슬라빅을 유아 변기에 앉히고 용변이 끝날 때까지 앉아 있게 해요."라며 2시간에 한 번씩 아이를 화장실에 데려가 달라고 요구했다. 즉, 세 살짜리 아이는 집에서처럼 규칙적으로 화장실에 데려가 "용변 봐야지." 하고 말해 주기를 기다렸던 것이다.

슬라빅은 화장실에 가자고 말해 줄 때까지 기다리지 못하고 바지에 소변을 봤다. 게다가 축축한 바지는 갈아입어야 하며, 그러기 위해서는 선생님에게 도움을 청해야 한다는 생각조차 하지 못했다.

부모가 자녀의 모든 욕구를 예단하려고 하면, 아이는 이후로도 오랫동안 자신이 필요로 하는 걸 스스로 깨닫고 도움을 청하는 법을 배우지 못한다.

일주일 후 이 축축한 바지 문제는 '자연적으로' 해결되었다.

"쉬하고 싶어요!" - 슬라빅은 자랑스럽게 말하며 화장실로 향했다.

우리가 어떤 교육학적인 마법을 부린 게 아니었다. 슬라빅의 몸은 생리적인 과정을 조절할 수 있을 만큼 이미 자라 있었다. 언제 화장실로 가야 하는지, 그리고 무엇보다도, 이미 변기까지 혼자서 갈 수

있다는 것을 아이는 느끼고 있었다. 아이는 아마도 이전부터 이를 느끼고 행동할 수 있었을 것이다. 하지만 집에서는 슬라빅이 자신의 욕구를 알아차리기도 전에 어른들이 먼저 유아 변기에 앉혔던 것이다. 그러나 아이가 한두 살일 때 해 줘야 할 일을 세 살 때까지 계속 해 주는 것은 옳지 않다.

유치원에 온 아이들은 모두 스스로 먹고, 스스로 화장실에 가고, 스스로 옷을 입고, 스스로 놀이를 생각해 내기 시작한다. 또한 자기가 해결할 수 없는 문제를 만나면 도움을 청하는 일에 익숙해진다.

아이를 가능한 한 일찍 유치원이나 어린이집에 보내라는 이야기가 아니다. 나는 오히려 3~4세까지는 가정에서 키우는 것이 아이에게 더 좋다고 생각한다. 내가 말하고 싶은 것은 부모의 분별 있는 행동이다. 과보호로 아이를 옭아매지 않고, 아이가 성장할 수 있는 여지를 남겨 두는 것 말이다.

언젠가 한번 친구가 두 살 된 아이를 데리고 우리 집에 와서 자고 간 적이 있었다. 9시 정각이 되자 친구는 아이를 재우려고 했다. 아이는 더 놀고 싶어서 도망 다니며 고집을 부렸지만 엄마는 단호히 아이를 침대에 눕혔다. 나는 친구를 방에서 불러냈다.

─ 아이는 자기 싫어하는 것 같은데….(당연히 그랬다. 우리 집에 온 지 얼마 안 된 데다 함께 놀 사람과 새로운 장난감들이 있으니 아이는 모든 게 재미있었을 것이다!)

그러나 친구는 내 눈에는 놀랍게만 보이는 의지로 아이를 침대에 잡아 두었다. 1시간이 넘게 대치가 이어졌고 결국 아이는 어쨌거나 잠이 들었다. 내 아이도 뒤따라 잠이 들었다. 매우 간단하게. 피곤해졌다 – 자기 침대로 가서 잔다.

나는 게으른 엄마다. 나는 게으르기 때문에 아이를 오랫동안 침대에 붙잡아 두는 일은 할 수가 없다. 일찍이든 늦게든 아이는 스스로 잠들 거라는 걸 나는 안다. 수면은 자연적인 욕구이기 때문이다.

나는 휴일에 늦잠을 즐긴다. 평일에는 6시 45분부터 일을 시작하기 때문이다. 유치원은 7시에 문을 여는데, 그 시간이면 이미 유치원 앞에는 아빠가 출근길에 서둘러 데리고 온 아이가 기다리고 서 있다. 이렇게 일찍 일어나는 건 '올빼미'에겐 가혹한 일이다. 나는 매일 아침 커피 한 잔을 들고 명상에 잠겨 내 안의 '올빼미'를 다독인다. 토요일은 우리에게 실컷 잘 수 있는 기회를 선사할 거라고.

> 아이의 의존성이 어른에게 유익할 때, 아이는 의존적이 된다.

어느 토요일 아침 나는 11시쯤 일어났다. 세 살 난 아들은 앉아서 파이를 먹으며 만화 영화를 보고 있었다. 텔레비전도 혼자 틀었고(이건 쉬운 일이다. 버튼만 누르면 되니까.), 만화 DVD도 직접 찾아냈다. 아들은 우유와 시리얼도 찾아냈다. 바닥에 흩어져 있는 시리얼 조각과 흘러 넘친 우유, 싱크대 안에 놓인 접시로 보아 아들은 무사히 아침식사를 마치고, 자기가 할 수 있는 데까지 뒷정리도 한 게 분명했다.

여덟 살 난 큰아이는 이미 집에 없었다. 큰아이는 어제 친구와 친구 부모님과 함께 영화관에 가게 해 달라고 했었다. 하지만 나는 게으른 엄마다. 엄마는 토요일 아침에 그렇게 일찍 일어날 수 없다고, 꼬박 일주일을 기다린 소중한 늦잠 기회를 잃을 수는 없다고, 그러니 영화관에 가고 싶으면 스스로 알람을 맞추고 일어나 채비하고 가라고 아들에게 말했다. 와우! 아들은 혼자서 제때 일어나 준비하고 나갔다.

(실은 나도 알람을 맞춰 두었었다. 진동으로 해 놓고 잠결에 아이가 준비하는 소리도 들었다. 아이가 나가고 문이 닫히자 나는 전화기를 들고, 내 아들이 잘 도착했고 아무 일 없다는 문자를 친구 엄마가 보내주길 기다렸다. 물론 아이는 이 사실을 전혀 모른다.)

그 밖에도 나는 아이의 책가방을 싸 주는 것도, 운동 가방을 대신 챙겨 주는 것도 귀찮다. 아이의 수영용품을 말려 주는 것도 참 귀찮다.

아이가 도와 달라고 하지 않는 한 먼저 나서서 함께 숙제를 하는 것도 귀찮다. 나는 쓰레기를 버리러 나가는 것도 귀찮아서 아들이 학교 가는 길에 내다 버린다. 그러면서도 나는 아들에게 차를 타서 컴퓨터 앞으로 가져다 달라고 부탁할 수 있는 뻔뻔한 엄마다. 나는 해마다 점점 더 게을러지는 게 아닌가 하는 의심이 든다….

그러다 아이들 할머니가 오시면 아이들에게 놀라운 변화가 일어난다. 할머니는 멀리 사시기 때문에 한번 오시면 일주일씩 계신다. 할머니가 집에 들어오시는 순간 큰아이는 혼자 숙제하는 법, 점심 데워 먹는 법, 샌드위치 만드는 법, 책가방 챙기는 법, 등교하는 법을 몽땅 잊어버린다. 심지어 이제는 혼자 자는 것도 무서워서 할머니가 곁에 있어 줘야 한다! 그리고 아이들의 할머니는 누구처럼 게으른 분이 아니다.

아이의 의존성이 어른에게 유익할 때, 아이는 의존적이 된다.

'게으른 엄마'의 탄생

"저기, 당신이 게으른 엄마인가요?" - SNS에서 이런 질문을 받으리라고는 전혀 예상치 못했다. 뭐지? 무슨 의도지? 순간 나는 정확한 주소도 없이 '바보에게'라고만 적힌 편지를 배달하려고 애쓰는 불쌍한 우체부가 나오는 야콥 아킴의 동시가 떠올랐다.

뭐라고 대답하지? 아니라고 항변을 해야 하나? 내 능력과 기술과 직책을 줄줄이 말해야 하나? 경력 증명서라도 보내야 하나?

혹시나 하는 마음에 물어보았다.

"무슨 뜻이에요?"

그러자 질문의 표현이 바뀌었다.

"'게으른 엄마'에 대한 기사를 쓰신 분인가요?"

아, 네, 그건 저 맞아요….

하지만 그게 처음부터 기사는 아니었다. 대중에게는 잘 알려져 있지 않은 심리학 포럼에서 청년들의 소아증과 그 원인, 나아가 현대 청년 세대의 문제점과 약점을 폭넓게 다룬 적이 있었다. 이 포럼에서 나온 모든 탄식들은 고전 한 구절을 조금 변형하여 요약할 수 있을 것 같다. "우리 때 아이들은 이렇지 않았는데!" 아니면 이런 상투적인 문구로 요약할 수도 있을 것 같다. "내가 그 나이 때엔…". 그 뒤로는 "다섯 살 때는 동생에게 먹일 분유를 구하러 뛰어다녔지.", "일곱 살 땐 동생을 유치원에서 데리고 왔어.", "열 살 때는 온 가족이 먹을 식사를 혼자 준비해야 했지." 등이 뒤따랐다.

나는 그 포럼에서 아이의 행동과 부모의 행동 사이의 직접적인 연관성에 대해 "엄마들이 조금만 게을러서 아이 대신 해 주지 않으면, 아이는 독립적이 될 수밖에 없다."고 농담을 섞어 발표를 했었다. 조금만 생각해 보면 실제로 그러하다. 사실 지난 수십 년간 아이들은 퇴보하지 않았다. 아이들이 신체적으로 약해져서 많은 일들을 못하게 된 것이 아니다. 하지만 자율적인 행동 능력을 보여줄 수 있는 기회는 분명히 줄어들었다. 이유가 뭘까? 그것은 아이의 자립 능력이 예전처럼 가족에게 절실하지 않기 때문이다. 끼니를 벌러 갈 수 있도록 엄마의 두 손과 시간을 놓아줄 필요가 없어졌기 때문이다. 뿐만 아니라 많은 부모들이 독립성과 위험을 유의어로 인식하기 시작했다. 게다가 아이들은, 그냥 아이들이 아니라 어떤 부모의 아이들이다. 다시 말해 아이들은 모든 구성원이 상호관계를 맺고 있는 가족이라는 체제의 일부분이다. 그러므로 부모의 행동이 바뀌면 아이의 행동도 이에 따라 바뀐다. 만일 어른 가족이 아이를 대신해 모든 걸 해 준다면 아이는 발달해야 할 이유를 찾지 못하게 된다. 반대로, 아이가 할 수 있는 것을 직접 하게 하면 아이는 자기에게 필요한 것을 스스로 해결하기 시작한다.

  나는 그날 포럼에서 나왔던 토의 내용과 나의 실제 예들을 인용해, 게으름을 과보호의 반대편에 놓는 내용의 짧은 글들을 블로그에 올리기 시작했다. 그저 내 생각들을 한 데 모으기 위해서였다. 그런데 어느 날 잡지사에서 예상치 못한 제안을 해왔다. "우리가 이걸 기사로 내 보면 어떨까요?" 그러면서 편집자가 덧붙였다. "분명 폭발적인 반응이 있을 거예요!"

  그리고 정말로 '폭발'했다. 기사는 각종 육아카페와 토론방에 공유되었고, 블로그와 소셜미디어, 그리고 해외 사이트로까지 퍼져 나갔다.

> 엄마의 '게으름'은 아이에 대한 무관심이 아니라 아이를 보살피는 마음이 바탕에 있어야 한다.

스페인어로 번역된 기사에서는 슬라빅이 세바스티안으로 바뀌었고, 무슨 이유에서인지 다이어리가 포트폴리오로 바뀌었으며, 엄마(즉 나)는 차가 아니라 커피를 가져다 달라고 했다. 스페인에서는 차를 널리 마시지 않기 때문일 것이다. 도처에서 댓글이 달리며 격론이 벌어졌다. "게으른 엄마가 되는 게 좋은 것일까?", "바로 이렇게 키워야 아이들이 인생을 준비할 수 있는 것이다!"에서부터 "이럴 거면 대체 뭐 하러 아이를 낳는가? 시중이나 들게 하려고?!"에 이르기까지. 그러나 사실 사람들은 다른 사람과 논쟁을 벌인 게 아니었다. 사람들이 논쟁을 벌인 건 투사된 자신이었다. 사람들은 각자 자신의 개인사, 자신의 어린 시절, 지인의 인생에서 가져온 예들을 그 기사에 투영했다.

설상가상으로, 지면 관계상 일부분이 잘린 잡지 기사가 인터넷에 퍼져 나가면서, 글에서 이야기하는 '게으름'이 진짜 게으름이 아니라 아이의 독립성을 발달시키는 환경 조성에 관한 이야기라는 것, 그리고 부모의 무관심하에 방치된 아이들이 이른 나이에 갖게 되는 강제적인 독립성과는 다른 이야기라는 것을 제대로 이해하지 못하는 이들이 생겼다. '나는 왜 게으른 엄마인가'라는 기사에 사람들이 '나도 게으른 엄마예요. 나는 하루 종일 컴퓨터 앞에 있고/자고/TV를 보고, 아이는 혼자 놀아요.'라는 댓글을 달고 또 다른 사람들이 여기에 '저도요~ 저도 게으른 엄마예요.' 하는 댓글들을 쏟아내는 걸 보고 나는 걱정이 되기 시작했다. 나는 이들이 내 글을 면죄부처럼 받아들이는 것이 싫었다. 아이가 혼자서 놀 수 있고, 자기에게 필요한 것을 스스로 해결할 수 있는 건 좋은 일이지만, 항상 그래야 한다면 그건 결코 바람직하지 않다. 그렇게 되면 아이는 발달 과정에서 많은 것을 잃는다. 엄마의 '게으름'은 아이에 대한 무관심이 아니라 아이를 보살피는 마음이 바탕에 있어야 한다. 그래서 나는 나 자신을 위해, 아이가 요구하기가 무섭게 모든 걸 다 들어주기에는 너무나 게으른 '게으른 엄마'의 길을 택한 것이다. 게으른 엄마는 게으르기 때문에 아이가 모든 걸 스스로 하도록 가르친다. 사실 이것은 쉽지 않은 길이다. 오히려 더 많은 에너지가 필요할 수도 있다. 진짜 게으름은 여기서 발을 붙일 수가 없다. 다섯 살 난 아이가 설거지를 한다고 바닥에 잔뜩

흘려 놓은 물을 닦아내는 것보다 엄마가 재빨리 설거지하는 편이 훨씬 간단하다. 엄마는 기름기와 세제가 고스란히 남아 있는 식기들을 아이가 잠든 후에 모두 다시 닦아야 한다. 세 살배기에게 화분에 물을 주게 하는 것 역시 한 번에 이루어지지 않는다. 아이는 화분을 엎고 흙을 사방에 흘리고 물을 한꺼번에 부어서 화분 밖으로 넘치게 할 것이다. 그러나 바로 이런 행동을 통해서 아이는 행동을 조절하고, 자기 행동의 결과를 이해하고, 실수를 바로잡는 법을 배운다.

모든 부모는 양육 과정에서 자주 선택의 기로에 선다. 부모가 재빨리 해 버릴지 아니면 상황을 활용해 아이에게 무언가를 가르칠지. 아이에게 가르치는 것에는 두 가지 장점이 있다. 1) 아이의 발달, 그리고 2) 그 결과 얻게 되는 부모의 자유 시간.

그리고 언젠가 아이가 많은 것을 할 수 있게 되면 그때부터는 엄마가 게으름을 부려도 괜찮아진다. 이때의 게으름은 글자 그대로의 게으름이다.

의존적인 아이는 부모에게 유익하다

이게 대체 무슨 이야기일까? 아이가 의존적인 것이 어떻게 어른에게 유익하다는 것일까? 아이의 의존성이 어떤 점에서 이득이 될 수 있을까?

어른이 얻는 유익함이라는 것은 간단하다. 아이가 어른에게 의존하면 어른은 이를 통해 자신이 아이보다 우월하고 중요하며 대체할 수 없는 존재라는 확신을 얻을 수 있다. 그리고 자신의 가치에 대해 내적

'나이를 먹다'와 '어른이 되다'는 같은 뜻이 아니다.

확신을 갖지 못하는 어른은 이처럼 외부에서 오는 확신을 필요로 한다. 그러므로 '아이는 나 없이 아무것도 못 해.'라는 말은 '나는 아이가 없이는 아무것도 못 해, 오직 이 아이만이 내 가치에 대한 확신을 주니까.'로 바꿀 수 있다. 이런 방식으로 아이에게 의존하려면 아이를

의존적으로 만들어야 한다. 잠재의식은 언제나 논리적으로 생각을 뻗어 간다. '아이가 나 없이는 아무것도 하지 못한다면 어디로도 떠나지 않고 언제나 언제나 나와 함께 있을 거야. 스무 살이 되어도 마흔 살이 되어도… 나는 항상 아이에게 필요할 테니 나는 절대 외롭지 않을 거야.' 그러나 대부분이 이 같은 생각을 의식하지 못한다. 의식의 수준에서는 아이가 자신의 인생을 살지 못할까 봐 진심으로 걱정할 수 있다. 그러나 잠재의식에서는 부모 스스로가 이러한 시나리오를 만들어 간다.

나는 신체적으로는 다 자랐지만 정신적으로는 미숙하고 독립적이지 못한 사람들을 적잖이 보아왔다. 그들에게는 자기통제 능력이 없었다. 스스로 결정할 줄도 책임질 줄도 몰랐다. 고등학교를 마칠 때까지 부모가 숙제를 도와주는 학생도 있었다. 나와 상담했던 대학생들 중에는 대학을 다니는 목적도 모르고 인생의 목표가 무엇인지도 모르는 학생도 있었다. 항상 부모가 그들을 대신해 모든 걸 결정했다. 나는 멀쩡한 청년들이 엄마에게 이끌려 병원에 오는 것도 보았다. 그 청년들은 어디서 접수를 하고 어느 진료실 앞에 줄을 서야 하는지 몰랐다. 내가 아는 사람 중에는 엄마 없이는 옷을 사러 가지 못하는 36세 여성도 있다.

> 부모로서 해야 할 가장 중요하고도 유일한 임무는 아이를 독립적인 사람으로 키우는 것이다.

'나이를 먹다'와 '어른이 되다'는 같은 뜻이 아니다. 내 아이들이 독립적이고 주도적이고 책임감 있기를 바란다면 이 자질들을 발휘할 수 있는 기회를 만들어 주어야 한다. 엄마나 아빠, 혹은 다른 양육자(예컨대, 할머니)에게 육아 이외에 다른 관심사가 있다면, 이러한 기회를 일부러 만들어 주기 위해 상상력을 총동원할 필요도 없다.

우선, 엄마들에게는 도발적으로 들릴 수도 있겠지만 엄마의 1순위에 아이가 놓이면 안 된다. 나에게 있어 1순위는 나다. 내가 아이들에게 지금 내 인생을 모두 바치고 오직 아이들에게 필요한 것만 해 주면서 산다면, 10년 후, 15년 후에 아이들을 독립시켜 내보내는 것이 무척 힘들 것이다. 그런 상황에서 아이들이 없어진다면 나는 어떻게 살 것인가? 그 뒤에 따라올 공허함은 어떻게 채울 것인가? 아이들을 '행

복하게 해 주기'위해 아이들 인생에 관여하고 싶은 유혹을 어떻게 참아낼 것인가? 또한 엄마가 대신 생각하고 행동하고 결정을 내리는 데 익숙한 아이들은 또 나 없이 어떻게 할 것인가?

그래서 나에게는 아이들 외에도 '내'가 있고, 사랑하는 남자가 있고, 일이 있고, 직업상 모임이 있고, 부모님이 있고, 친구들이 있고, 취미가 있으며, 이런 삶에서는 아이가 바라는 것이 그 즉시 모두 실현될 수가 없다.

— 엄마, 마실 것 좀 주세요!
— 잠시만, 우리 멋쟁이, 메일 하나만 마저 쓰고 따라 줄게.
— 엄마, 가위 좀 주세요!
— 지금은 갈 수가 없어. 죽이 다 탈 거야. 조금만 기다려.

아이는 조금 기다릴 수도 있고 직접 컵을 가져다 물을 따를 수도 있다. 의자를 선반 앞에 끌어다 놓고 가위를 꺼낼 수도 있다. 내 아들은 대개 후자를 더 좋아한다. 아들은 기다리는 걸 싫어해서 어떻게든 자기가 해결할 방법을 찾는다.

물론 아이가 요청하는 것에 대해 언제나 늘 반드시 매번 이렇게 행동해야 한다는 뜻은 아니다. 아이가 아직은 직접 할 수 없는 것들도 있다. 반면에 엄마가 하던 일을 계속 하면서도 아이가 부탁하는 것을 해줄 수 있는 경우도 있다. 예를 들어 엄마가 물을 마시려고 하는데 마침 아이가 물을 달라고 하는 경우이다. 이럴 때에도 아이더러 혼자서 하라고 하지는 말자. 절대적인 원칙은 없다. 부디 집착하지 말자.

'나는 독립적인가'

사실 가장 중요하고도 유일한 부모의 임무는 아이를 독립적인 사람으로 키우는 것이다.

이는,
- √ 스스로 사고한다,
- √ 스스로 결정한다,
- √ 자신에게 필요한 것을 스스로 충족한다,
- √ 스스로 계획하고 행동한다,
- √ 자신의 행동을 스스로 평가한다.

는 의미이다.

독립적인 사람은 자신이 무엇을 원하는지 그리고 어떻게 이룰 수 있는지를 안다. 독립적인 사람은 다른 사람에게 의존하지 않는다. 이것은 그가 혼자라는 뜻이 아니다. 독립적인 사람은 타인과의 관계를 '난 너 없이는 할 수 없고, 너도 나 없이는 할 수 없어.'라는 상호의존으로 만들지 않는다. 독립적인 사람에게 관계란 동의와 공감을 기반으로 하는 것이다. '나는 너 없이도 할 수 있지만 너와 함께 하는 게 즐거워.'이다.

심리적으로 성숙한 사람은 독립적이다. 그리고 역시 심리적으로 성숙한 사람들이 주위에 있는 것을 선호한다. 의존적인 사람들은 자신이 익숙한 상호의존 관계를 만들기 위해 의존적인 사람에게 끌린다.

"나는 오래전부터 남편을 사랑하지 않지만 남편 없이는 살

수가 없어요. 살 집도 없고, 생계도 막막할 거예요. 남편이 바람을 피우는 걸 알지만 난 견딜 수 있어요. 어쨌거나 그가 나를 부양하고 있으니까요. 한편으로는 내가 그에게도 꼭 필요해요. 남편은 집안일이라고는 전혀 할 줄 모르고, 심지어 달걀 프라이도 할 줄 몰라요. 게다가 남편은 우리 아들을 무척 사랑해요. 아들은 나를 무척 사랑하지만요. 나 없이는 잠도 못 잘 만큼 나를 사랑하지요. 아들은 벌써 다섯 살이지만 우리는 한 번도 떨어져 있어 본 적이 없어요. 나는 항상 아들과 함께 자고 함께 놀아요. 아들은 놀이터에

서 아이들과 노는 것보다 나와 노는 걸 더 좋아해요…."

이 여성이 강한 사랑의 지표로 여기고 있는 것은 사실 의존의 지표이다. 아이가 엄마와 시간을 보내는 걸 좋아하는 건 사랑이 맞다. 하지만 다섯 살짜리 아이가 엄마 없이는 시간을 보내지 못하는 건 의존이다.

이 여성은 남편과의 사이가 불만족스러운 만큼 무의식적으로 아이를 자신에게 매어 놓고 있다. 이는 건강한 애착이라고 할 수 없다. 남편에게서는 자신의 가치를 느끼지 못하기 때문에 이런 방식으로 엄마로서의 우월감을 키우며, 자신에게 결핍된 것을 아들에게서 보상받고 있는 것이다.

그 결과 이 아들은 또래 아이들과의 관계에서 어려움을 겪을 것이라고 충분히 예상할 수 있다. 여기에서 엄마는 직접적인 이익을 얻는다. 또래와의 관계를 제대로 만들 수 없는 아들은 엄마와만 친밀하게 지낼 수밖에 없는데 이는 곧 엄마가 외롭지 않게 된다는 뜻이다.

상호의존이 아니라 따뜻한 감정이 부부 사이를 이어 주면 아이를 놓아주기가 더 쉬워진다. 남편과 대화를 나눌 수 있고 아이 없이도 할 수 있는 일이 있기 때문이다. 그러므로 아이의 독립성을 키우는 것은 바로 자기 자신에서 시작해야 한다. 무엇보다 먼저 이 질문에 대해 자신에게 답해 보라. "나는 독립적인가?"

"나는 내 아이를 독립적인 아이로 키우고 싶지만 할머니 할아버지 때문에 그럴 수가 없어요. 아이가 혼자서 먹을 수 있도록 숟가락을 주면 할머니는 아이를 떠먹여 주기 시작

제1장_ 나는 왜 게으른 엄마가 되었나   41

해요. 내가 아이 옷을 의자에 걸어 주고 입으라고 하면 할머니는 아이에게 옷을 입혀 주기 시작해요. 나는 아이가 잠시 혼자 놀 줄 알았으면 하지만 할머니나 할아버지가 항상 함께 놀아 주면서 단 1분도 아이를 혼자 두지 않아요…."

이러한 조부모들이 그토록 많은 이유가 뭘까? 왜 그들은 딸의 의견을 존중하지 않는 걸까?

이유는 간단하다. 딸은 부모와 함께 살고 있다. 부모의 영역 안에서, 부모의 돈으로. 결혼도 하지 않았고 일도 하지 않으니 할머니와 할아버지가 딸을 그리고 손자까지 먹여 살리고 있다. 즉 딸은 독립하지

않은 것이다. 딸이 부모에게 의존하는 한 부모는 딸의 바람을 무시할 수 있다. 게다가 이런 상황은 부모에게 유익함을 준다. 딸이 독립적인 어른으로 자라지 못했기 때문에 부모는 딸을 온전히 통제할 수 있는 주도권을 갖게 되었다. 그리고 이제는 손자에 대해서도 주도권을 갖고자 하는 것이다.

부모가 먼저 독립적이 되어야만 독립적인 아이를 키울 수 있다. 독립적인 부모들은 아이의 조부모와의 관계에서 생겨나는 유사한 문제들을 어떻게 해결할까? 이들은 종종 매우 단호한 입장을 취한다. "사랑하는 엄마 아빠, 제 육아 철학을 존중해 주시지 않으면 손주와 함께하는 시간을 줄일 수밖에 없어요." 독립적이고 자립적인 사람만이 자신의 원칙을 세울 수 있다. 그리고 사람들은 그 의견에 귀를 기울인다. 반면에 의존적인 사람의 의견은 쉽게 무시한다. 어차피 그는 달리 갈 곳이 없기 때문이다.

만일 당신이 아직 부모로부터 독립하지 못했거나 의존적인 관계를 지속하고 있다면 전문가에게 상담을 받거나 심리치료를 받는 것도 고려할 수 있다. 책을 읽고 정보를 찾는 것만으로 모든 문제가 해결될 수는 없다. 제3자의 의견이 필요한 경우도 많다.

'부모-자식'의 수직적인 관계에서든 '남편-아내'의 수평적인 관계에서든 의존성 아래에는 언제나 누군가의 이익과 각자의 감춰진 욕구가 숨어 있다.

— 우리는 10년째 함께 살고 있는데 매일 아침을 "여보, 내 양말 어디 있어?"로 시작해요. 더 이상은 못 참겠어요!

― 10년을 견디셨는데 지금 가족상담사를 찾으신 이유가 무엇인가요?

― 우리 아들이 태어났거든요. 정말 멋진 아이예요. 얼마나 똑똑한지 발달도 참 빨라요. 말도 빨리 배웠어요. 이제 18개월인데 벌써 동시를 읽어 주면 따라 해요!

엄마의 얼굴은 아들에 대한 자부심과 기쁨으로 빛났다.

― 그것과 남편의 양말이 무슨 관계가 있지요?

그 순간 엄마의 표정과 억양이 바뀌었다.

― 아이가 남편을 따라 해요. "양말 어딨어?" 하고요. 이따위 본보기라니! 아이가 뭘 보고 자라겠어요!

― 그랬군요. 그러면 남편이 양말 어디 있냐고 물어보면 당신은 어떻게 하나요?

― 저요? 양말을 주지요.

― 10년 내내 그러셨어요?

― 네.

― 그렇게 반사적인 행동이 남편에게 얼마나 확고하게 자리잡았을지 상상이 되세요? 더구나 당신이 매일 양말을 주셨으니 더더욱이요. 남편은 물어보고 당신은 건네줘요. 남편이 행동을 바꾸길 원한다면 내 행동을 먼저 바꿔야 해요.

― 행동을 어떻게 바꿔요? '자기 양말은 직접 챙기는 거야.'라고 말해 줘야 하나요?

― 그건 조금 심하겠지요…. 부드러운 표현이 없을까요?

― '양말은 침실 옷장에, 밑에서 두 번째 선반에 있어. 당신 건 왼쪽에 있고.'라고 해 볼까요?

― 댁에서는 양말이 항상 같은 자리에 있나요?

― 네.

― 그렇다면, 몇 번만 알려 주면 남편분은 어디에서 양말을 찾아야 하는지 금방 기억하겠네요.

― 아들이 이 질문을 안 하게 하려면 어떻게 해야 할까요?

― 똑같이 하면 돼요. 양말이 항상 같은 곳에 있다면 아이는 금방 기억할 거예요. '양말은 여기 있어.'라는 단순한 코멘트나, '양말은 제자리에 둬야 해.' 하는 단순한 지시, 또는 '가서 양말 가져올래?'나 '양말을 신으렴.' 하고 시키는 것도 도움이 될 거예요. 다만 아이가 양말 위아래를 뒤집어 신거나 짝짝이로 신을 수도 있어요. 그 대신 이 모든 걸 혼자서 할 거예요.

> 부모가 먼저 독립적이 되어야만 독립적인 아이로 키울 수 있다.

아이가 태어나기 전까지 아내가 기꺼이 남편에게 엄마 역할을 해주는 경우들이 있다. "그는 나 없으면 굶어 죽을 거야!", "그는 나 없이는 양말도 못 찾을걸!" 그리고 남편은 "올가, 먹을 걸 못 찾겠어." 하며 장단을 맞춘다. 이런 롤플레잉에는 언제나 양쪽 모두의 무의식적인 필요가 깔려 있다. 그러나 모든 건 바꿀 수 있다. 원하기만 한다면.

아이에게는 어떤 엄마가 필요한가

나의 육아 철학이 형성되는 데는 두 여성이 영향을 미쳤다. 두 사람 모두 쉰이 넘었고 남편과 아이, 손자들이 있었으며 나와 함께 국공립 교육기관에서 일했다. 두 사람의 공통점은 여기까지였다. 가장 달랐던 것은 이 여성들이 자신에 대해 갖고 있던 태도였다.

한 사람(타마라 씨라고 부르겠다)은 희생의 화신이었다. 실제로도 그녀는 자랑스럽다는 듯 그렇게 말하곤 했다. "교육을 위해 다시 한 번 내 개인 시간을 희생하겠어요."—아픈 동료를 대신해 추가 근무를 하기로 했을 때 그녀가 교사실에서 큰 소리로 했던 말이다. 그녀 자신은 아무리 아파도 결근하는 법이 없이 꾹꾹 참으며 일을 했고 한 번도 입원한 적이 없었다. 건강에 문제가 생기면 타마라 씨는 약국에서 직접 사 온 약들을 과시하듯 먹었다. 의사를 찾아갈 시간도 없었기 때문이다. 그리고 우리 모두가 그녀의 무용담, 예컨대 수술이 끝나자마자 퇴원하고 와서 시험 감독을 했다는 등의 자랑스런 이야기를 종종 들었다. 그녀는 가장 늦게까지 남아 일했고, 심지어 근무 시간이 연장 근무로 인정받을 수 있는 최대치를 넘어서는 바람에 '나머지' 추가 근무 시간은 다른 사람의 근무 시간에 넣어 산정해야 할 정도였다. 그녀가 그토록 일을 많이 한 것은 아이들 때문이었다. 그녀는 아이들에게 모든 걸 해 주고 싶었다. '아이들에게 최선을!'*은 그녀의 개인적인 모토이자 삶의 철학이기도 했다.

아이들이 필요로 하고 원하는 것이 언제나 최우선이었고(아시다시피 이 요구는 갈수록 커진다), 자신을 위해서는 매우 금욕적으로 소비했다. 타마라 씨는 절대로 유흥이나 다른 '어리석은 짓'에 시간과 돈을 허비하지 않았다.

---

* 레닌이 했던 말로 알려져 있으며, 소련 시절 각종 아동 복지 정책의 슬로건으로 널리 사용되었다. (역자 주)

또 다른 사람(타티야나 씨라고 하겠다)은 타마라 씨와는 정반대의 라이프 스타일을 갖고 있었다. 그녀는 최소한으로 일했다. 필요하다면 시험 기간에도 병가를 내는 '뻔뻔함'도 있었다. 건강이 약해져 잠시 요양을 하기 위해 학기 중에 무급 휴가를 받은 적도 있었다. 당연히 타마라 씨는 자기와 철학이 다른 이 여성을 대단히 미워했다. 나는 종종 식당에서 이들 중 하나와, 혹은 동시에 두 사람과 마주쳤다.

타마라 씨는 정말 정말 말을 많이 했다. 자기 건강에 대해, 만성피로에 대해, 매일 저녁 손주들을 자신에게 밀어넣어 고된 업무 후에도 쉴 수 없게 만드는 괘씸한 자녀들에 대해, 자신이 그토록 열심히 일하는 이유이기도 한 그 자녀들에 대해 불평했다. 이런 이야기를 하는 방식과 억양을 듣고 있으면 그녀가 희생하는 엄마의 역할을 사랑하고 즐기고 있는 게 분명했다. 그리고 자신이 이렇게 하는 것에 대해 타마라 씨는 박수갈채를 기대했다.

이와 반대로 타티야나 씨는 차분한 성격에, 자주 웃었으며 말하기보다는 듣는 경우가 더 많았다. 가끔은 손주들에 대해 우스운 이야기를 하기도 했다.

어느 날 그녀가 타마라 씨에게 순진한 질문을 던졌다.

— 두통이 그렇게 심한데 왜 검사를 받지 않아요?

타마라 씨는 그 질문에 불같이 화를 내며 대답했다.

— 하아, 왜냐고? 그런 질문은 당신이 자기 밖에 사랑할 줄 모른다는 뜻인 거야. 당신은 당신이 원하는 게 가장 중요하잖아. 당신은 검사도 받고 휴양도 다니고 언제든 휴가도 척척 낼 수 있겠지만 난 내 욕구를 우선할 시간이 없어! 나에겐 일이 있고, 아이들이 있고, 손주들이 있고,

온 집안이 나 없이는 굴러가지를 않아! 내가 가장 소중히 생각하는 건 내 가족이야. 그 다음으로 소중히 생각하는 것도 내 가족이고!

타티야나 씨는 조용히 들으며 티스푼으로 차분하게 차를 저었다.

― 나 역시 가족이 소중해요…. 내 가족에게 아프고, 피곤하고, 끝없이 불평하고, 늘 격앙되어 있고, 감사할 줄 알라고 요구하는 어른이 필요할까요? 난 전혀 아니라고 생각해요. 가족에게 필요한 건 침착하고 건강하고 에너지 넘치고 언제든 자신들을 지지해 주고 도와줄 수 있는 엄마와 할머니예요. 그래서 난 나 자신을 아끼고 내 감정과 건강에 신경을 써요. 내가 나를 아끼는 이유는, 나에게 내 가족을 사랑할 힘이 있었으면 좋겠고 내가 가족에게 도움이 될 수 있기를 바라기 때문이에요.

그 당시 나는 엄마가 되기를 꿈꾸며, 사랑스러운 내 미래의 아이들에게 반드시 '아이들에게 최선을!'을 해 줘야 한다고 굳게 믿고 있었다. 그러나 이 대화를 지켜본 후 나는 '최선'이 물질적인 충족을 의미하지 않는다는 걸 깨달았다. '최선'은 관계이고 마음이고 생각이었다. 아이에게 필요한 것은 '희생하는' 엄마가 아니다. 아이에게 필요한 것은 사랑을 주는 엄마, 행복한 엄마이다.

엄마가 자기 자신이나 일을 포기해야 한다는 뜻이 아니다. 어떤 엄마들은 일을 많이 할 때 행복을 느낀다. 중요한 것은 주당 근무 시간이 아니라 일을 하는 동기다. 성인이 된 아이들에게는 "엄마는 너희를 위해 평생 일했어!"나 "엄마는 너희를 위해 커리어를 버렸어!" 모두 똑같이 나쁘다. 그리고 이보다 더 나쁜 건 "엄만 너희를 위해 재혼을 하지 않았어! 양아버지를 데려오지 않으려고!"와 "너희 때문에 엄마는 사랑하지도 않는 남편과 평생 살면서 그 말도 안되는 짓거리들을 참았어. 너희가 온전한 가족을 갖게 하려고!"이다. 대부분의 경우 이러한 희생은 자기 인생을 살지 못하는 자신의 무능력을 아이의 책임으로 돌리는 것이다. 자기 때문에 엄마가 불행했다는 걸 알게 되면 아이는 이후 어떻게 될까?

정신적인 가책만 받는다면 차라리 다행이다. 어떤 시나리오가 나올 수 있는지 보자.

시나리오 1: 엄마를 위해 자신의 행복을 희생한다. 엄마도 그랬으니까. 싱글맘을 둔 아들이 자기 인생을 만들어 가지 못하고 마흔이 넘도록(그나마 나은 경우이다) 엄마와 사는 경우를 독자들도 보았을 것이다. 아들이 스스로 비혼을 선택했다면 모를까! 아들이 데이트를 하려고 할 때마다(20세에도, 그리고 30세에도) 애석하게도 엄마에게는 '발작'이 일어난다.

시나리오 2: 엄마의 희생을 본받아 엄마가 했던 대로 자기 아이에게 한다. 즉 아이를 위해 자신을 희생한다.

시나리오 3: 감사할 줄 모른다고 비난하며 죄책감을 강요하는 엄마로부터 자신을 보호하기 위해 가능한 한 엄마와 거리를 둔다. 그러나 부모가 나를 위해 희생했다는 사실을 한번 인식하면 죄책감으로부터 벗어나기란 매우 힘들다.

시나리오 4: 가장 낫지만 지극히 드문 경우이다. 성인이 된 아이가 자기계발, 심리치료, 독서, 멘토 등을 통해 행복해지고 나아가 엄마를 행복하게 해 준다. 그러나 사실 순서가 잘못되었다. 행복한 엄마가 아이에게 행복해지는 법을 가르치는 것이다. 실로 아이들은 말로만 배우는 게 아니라 부모를 보며 배우지 않는가.

아이들이 행복하길 바란다면 엄마의 행복 레시피를 찾아라. 극도의 피로와 희생은 필요 없다. 자신을 돌보는 걸 잊지 마라.

몇 세부터 '게으른 엄마'를 적용할 수 있는가

엄마들은 언제든 원하기만 하면 걱정거리를 찾아낼 수 있다. 엄마들에게 "안심하세요. 하루 24시간 내내 아이 주변을 뛰어다닐 필요 없어요."라고 말하면 엄마들은 불안해하며 또다시 질문을 쏟아낸다. "아이 옆에 있지 않으면 이게 아이에게 심리적인 트라우마가 되지 않을까요?", "알겠어요. 그럼 24시간 말고… 22시간은 어때요? 이것도 많은가요? 아니면 적은가요?"

자신을 믿지 못하고 끝없이 마음 속에 불안을 느끼는 엄마들은 올바른 길을 발견하도록 도와줄 간단하고도 분명한 나침반을 외부에서 찾으려고 한다. 이러한 엄마들은 자주 이렇게 묻는다. "언제부터 혼자

하게 해야 할까요?", "언제부터 아이에게 숟가락을 쥐야 하나요?", "배변훈련은 몇 개월부터 시작해야 할까요?" 등등. 그리고 이 책의 내용 중 가장 중요한 질문인 "몇 살 때부터 '게으른 엄마'를 시작해도 되나요?"까지.

대답은 '아무때나'이다. '게으른 엄마'는 교육 프로그램이 아니라 삶의 철학이다. '게으른 엄마'와 '부지런한 엄마'의 방식 차이는 어떤 연령에서도 나타날 수 있다.

부지런한 엄마는 아이용으로만 쓰는 대야에 아이용 비누만 써서 아이 옷을 손으로 빨고 가루 세제는 일절 사용하지 않는다! 그녀는 한 번 다리미를 잡으면 집 안의 모든 리넨을 완벽하게 다려 놓는다. 공갈 젖꼭지뿐만 아니라 아이 장난감도 모두 삶는다. 노는 도중 아이의 장난감 삽이 떨어지면 아이가 삽을 주우려고 몸을 숙이기도 전에 먼저 삽을 주워 준다. 부지런한 엄마는 아이가 스스로 올라가 보려고 다리를 걸치기도 전에 아이를 들어 벤치에 앉힌다. 부지런한 엄마는 언덕에서 달려 내려오는 썰매를 따라다니며 부지런히 다시 언덕 위로 올려다 준다. 아이가 이미 스스로 끌고 올라갈 수 있어도 관계없다. 부지런한 엄마는 내일 시간표, 학교 준비물, 소풍 시간 등 모든 걸 언제나 아이 대신 기억해 둔다. 부지런한 엄마는 뭔가를 기억하고 챙겨야 하는 일에서 아이를 해방시킨다. 부지런한 엄마에게는 아이를 학교에 데려다주기 위해 일찍 일어나는 것이 전혀 문제가 되지 않는다. 심지어 엄마에게 열이 있거나, 아이가 고등학생이라 할지라도.

아이들이 행복하길 바란다면 엄마의 행복 레시피를 찾아라. 극도의 피로와 희생은 필요 없다. 자신을 돌보는 걸 잊지 마라.

그러면 게으른 엄마는 어떠한가? 게으른 엄마는 가르치고, 이야기해 주고, 보여 주고, 알려 주고, 도와주지만 아이가 어찌어찌 혼자 해 볼 만한 일은 대신 해 주지 않는다. 아이가 자랄수록 엄마는 조금씩 자신에게서 아이를 놓아 준다. 아이에게 일어나는 일에 대한 책임도 조금씩 넘겨주면서.

방법은 간단하다. 처음에는 엄마가 아이와 함께 하고, 그 다음엔 아이 혼자 하게 한다. 아이가 혼자 할 동안 엄마는 응원해 주고, 필요하다면 조금 도와준다. 그러다가 마침내 아이가 전 과정을 혼자 하게 되면 엄마는 아이를 자랑스러워하면 된다.

이때 엄마가 자신을 자랑스러워한다는 사실을 아이가 아는 게 매우 중요하다. 이러한 성취감이 발전의 원동력이기 때문이다.

숟가락은 언제 줘야 할까?
전동 드릴은?

아이에게 언제 숟가락을 줘야 할까? 그것은 아이가 숟가락에 관심을 보일 때이다. 숟가락을 향해 손을 뻗거나 심지어 엄마에게서 빼앗으려고 할 때 혹은 손으로 활발하게 먹기 시작할 때이다. 연령별 표준 발달표는 중요하지 않다. 아이의 충동에 초점을 맞춰라. 아이가 숟가락에 충동을 느끼고 있을 때 쥐여 주지 않으면 나중엔 이 도구를 뿌리치며 먹여 달라고 떼를 쓸 수도 있다. 모든 상황에 적용되는 원칙은 이것이다. **아이를 잘 관찰하면서 아이의 충동을 따라가라.** "아기가 언제 일어서야 하나요?" 하고 묻는 엄마는 없다. 아기는 자기 몸 안에 힘이 느껴질 때 스스로 일어선다. 어느 순간 두 팔로 침대 난간을 잡고, 끌어당기며 일어선다. 그리고 이때 아이를 도로 주저앉히는 어른은 없다. 일어서야 할 때 아기는 일어선다.

아이가 단어를 말하려고 시도할 때 아무도 아이의 입을 다물게 하지 않는다. 이 이야기 자체가 말도 안 되게 느껴진다. 그러나 가끔 이와 비슷한 상황이 들려온다.

— 내가 혼자 입을 거야!

— 안 돼, 넌 꾸물거려서 오래 걸리잖아. 엄마가 후딱 입혀 줄게(그러면서 엄마들은 표준발달표와 아이를 비교하고 몇 세에 아이가 혼자 옷을 입을 수 있어야 하는지 확인한다).

— 혼자 걸어갈 거야!

> 아이가 자랄수록 엄마는 조금씩 자신에게서 아이를 놓아 준다. 아이에게 일어나는 일에 대한 책임도 조금씩 넘겨주면서.

― 안 돼, 넘어져. 엄마 손 잡아!
― 내가 가져갈 거야!
― 안 돼, 넌 떨어뜨려!
― 내가 열 거야!
― 넌 못 열어!
― 내가 따를 거야!

― 안 돼, 엄마가 하는 게 나아. 쏟아지잖아!

이런 식으로 아이는 스스로 해내고 싶은 바람을 조금씩 잃어 간다. 뿐만 아니라 자신은 혼자 할 능력이 없고 해낼 방도도 없으니 엄마가 모든 걸 대신 해 주는 게 낫다고 믿기 시작한다. 엄마가 아이보다 잘하는 건 사실이니까.

두 살 난 내 조카는 벌써 전동 드릴을 사용할 줄 안다. 가족 중 그누구도 "언제 아이에게 전동 드릴을 줘야 하지?"라고 묻지 않았다. 그런 내용은 표준발달표에는 없다. 대부분의 부모는 아이에게 전동 드릴 사용법을 알려 줘야 한다고 생각하지 않으니까. 그런데 어느 날 조카는 아빠 손에 들려 있는 전동 드릴을 보고 "그거 줘!"라고 했고, 이날부터 전동 드릴은 조카가 가장 좋아하는 장난감이 되었다. 아빠는 드릴 사용법을 보여 주며 가르친 뒤에 아이가 직접 나사를 박을 수 있도록 나무판을 만들어 주었다. 그 광경은 정말이지 귀엽다. 두 살 난 아가가 전동 드릴을 들고 유아변기 위에 앉아 초집중모드로 너트를 돌리는 모습이라니! 그러나 실제로 아이의 신체 동작은 이런 방식으로 발달한다. 그리고 이렇게 발달하는 신체와 더불어 자신감도 함께 큰다.

적합한 때인가 아닌가를 생각하지 마라. 아이가 할 수 있을까, 못할까? 아이에게 시도해 보게 하라. 할 수 있는지 없는지는 아이가 보여 줄 것이다. 다만 아이가 안전하게 시도할 수 있도록 반드시 옆에 있어라.

"나와 남편은 갈등을 겪고 있어요. 아들은 이제 16개월이에요. 아이를 혼자 걷게 하는 문제에서 갈등이 시작되었어요. 나는 아이의 손을 잡아 주는데 남편은 이게 과보호라는 거예요. 아이 손을 잡아주는 건 아무 문제 없다고 생각해요. 인터넷에서 관련 글을 찾아봤지만 아무것도 없더라고요. 선생님 생각은 어떠세요?"

'아이의 손을 언제 놓아 줘야 하는가'를 조언하기란, 손을 놓아 줘야 할 정확한 나이를 규정하는 것만큼이나 불가능하다고 생각한다. 아이를 키우다 보면 때로는 열세 살짜리 아들에게도 손을 잡아 줘야 하는 경우가 생기곤 한다. 그런데 그 소년이라는 게 한 살 때는 어떻게든 어른들 손에서 자기 손을 빼내어 공원 길을 따라 비둘기를 쫓으며 뛰어다니던 아이가 아닌가. 여기서 중요한 것은 아이의 연령이 아니다. 상황을 판단하는 것, 즉 아이를 관찰하고 아이의 능력을 파악하는 것이 중요하다. 아이가 할 수 있는 것과 아이의 능력을 넘어서는 것을 파악할 수 있어야 한다.

그에 못지 않게 중요한 것은 아이가 어떻게 느끼는지이다. 아이가 확신에 차 언덕을 기어오른다면 이때에는 어른의 도움이 필요하지 않을 것이다. 하지만 아이가 균형을 잡지 못하거나 도움을 청하는 표정으로 부모를 바라보거나 또는 어른의 손을 잡아당기거나 하면 반드시 도와주러 가야 한다.

아이를 믿어라. 그리고 자신을 믿어라. 아이가 도움을 청할 때에는 거절하지 마라. 아이가 어떻게든 혼자 할 수 있기 때문에 도움을 청하지 않는 것과, 도와 달라고 해도 아무도 오지 않기 때문에 도움을 청하지 않는 것의 차이는 매우 크다. 이 차이로 인해 아이의 인생이 달라지기도 한다.

아이가 도와 달라고 할 때마다 즉각적으로 도와주는 것이 하나의 극단이라면, 도와주지 않겠다는 원칙을 세워 놓고 어떤 경우에도 도와주지 않는 것이 반대편의 극단이다. 다시 한 번 말하지만 육아 상황은 매우 다양하다. 엄마가 어떻게 해야 하는지를 알려면 아이를 느껴야 한다. 도와 달라는 아이의 요청 뒤에 변덕이나 게으름 심지어는 '내가 말하는 대로 될 거야.'라는 자기 권력의 과시가 숨어 있을 수 있다. 반면에 자신에 대한 믿음의 결여, 관심을 끌려는 마음, 신체적 피로가 그 자리에 숨어 있을 수도 있다. 도움을 요청할 때 아이가 진짜로 바라는 건 뭘까? 아이의 입장이 되어 아이가 하는 말에 이어질 문장을 만들어 보라. "옷 걸어 줘…(난 곧바로 놀 거야)."인가 아니면 "옷 걸어 줘…(나 오늘 너무 피곤해서 빨리 자고 싶어)."인가.

내 아들 아르세니가 12살 때 손가락이 부러져 깁스를 한 적이 있었다. 그 날 저녁 아르세니는 셔츠를 벗겨 달라고 했다. 아들이 '으악, 뼈가 부러졌어!' 상태였을 때는 당연히 많은 걸 도와주었다. 그러나 며칠 만에 아들은 뼈가 부러졌다는 사실과 깁스에 적응했다. 오른손에 깁스를 하고도 먹고 싶은 걸 먹고 이를 닦고 자전거를 타고 돌아다니고 능수능란하게 컴퓨터 마우스를 조작하고 심지어 "아, 엄마, 왼손으로 드리블하면 돼요."라며 농구까지 했다. 깁스 때문에 도저히 할 수 없었던 건 오직 선생님에게 제출해야 하는 보고서와 학교 숙제뿐이었다(이것들에 대한 동기부여가 아이에게는 없었던 것이다). 그리하여 며칠 후 아들이 거리낌 없이 "엄마, 셔츠 좀 벗겨 주세요."했을 때 나는 이렇게 대답했다. "너 오늘 아파트 앞에서 깁스한 팔로 농구하는 거 다 봤어. 농구도 하는데 셔츠쯤이야 아무것도 아니지 않니?"

독립성과 아이의 안전

'아이의 독립성'이라는 말에 부모들은 불안을 느낀다. 그리고 이 불안은 곧바로 불행한 사고와 나쁜 친구들, 방탕과 같은 무서운 상상으로 이어지곤 한다. 자신의 상상 속에서 부모는 이 나쁜 것들이 모두 제대로 통제하지 못해서 일어난 결과라고 믿는다. 이 같은 불안을 없애려면 서로 다른 두 종류의 독립성 - 인생에서 반드시 필요하고 언제나 좋은 결과를 가져오는 건전하고 정상적인 독립성과, 늘 나쁜 결과로 이어지는 위험한 독립성을 구별할 수 있어야 한다. 건전한 독립성은 부모의 통제와 공존한다. 그러나 통제가 완전히 사라져 버리면 그때는 위험한 독립성이 자란다.

통제하지 않는 것과 독립은 같은 뜻이 아니다. 물론 통제가 없으면 독립성이 발달한다. 그러나 통제가 전혀 없으면 부정적인 결과를 피하기가 매우 어려워진다.

아이에게 독자적인 행동을 허락할 때 무엇보다 중요한 것은 아이가 독립적으로 행동해도 되는 범위 혹은 경계를 정하는 것이다. 아이가 자라면 그 경계도 넓어져야 한다. 여기서 경계란, 안전뿐만 아니라 도덕과 가족의 전통을 기반으로 한 규범, 규칙, 조건 등을 모두 아우른다. 이러한 경계가 없는 독립성은 무질서와 방종으로 이어진다. 이러한 상황에 놓인 아이는 자신이 보호받지 못하고 있다고 느끼게 되고, 이는 아이에게 부정적인 결과를 가져온다.

> 아이를 믿어라. 그리고 자신을 믿어라. 아이가 도움을 청할 때에는 거절하지 마라.

아이가 혼자 '헤엄'치도록 할 때, 즉 집 안을 마음껏 기어 다니도록

| 통제하지 않는 것과 독립은 같은 뜻이 아니다. | 둘 때는 아이의 관심을 끌거나 기어 다니다 마주칠 수 있는 위험한 물건을 모두 치워라. 가장 단순한 방법은 아이의 키보다 높이 두는 것이다. 이는 '해도 되는 것'과 '해선 안 되는 것' 사이에 물리적인 경계가 |

된다. 아이가 보조의자를 가져다 놓고 올라서기 시작하면 위험한 물건들을 더 높이 더 멀리 치워야 한다. 우리 집 두 살배기가 한숨도 안 자고 돌아다닐 때 내가 안심하고 졸 수 있었던 건 주위 공간이 안전했기 때문이다. 그 무렵 우리 집에는 아이가 찔리거나 베이거나 데거나 해를 입을 수 있는 것들이 모두 아이 손이 닿지 않는 곳에 있었다.

처음에는 '해도 되는 것'과 '해서는 안 되는 것' 사이가 물리적인 경계로 나뉘어 있지만 시간이 조금 흐르면 아이는 이제 규칙과 금지라는 언어적 경계를 이해하기 시작한다. '칼에 손대면 안 돼.', '가스레인지 위에 있는 건 아무것도 손대면 안 돼.'

아이가 자라면서 아이에게 허락되는 경계도 조금씩 넓어진다. '칼에 손대면 안 돼.'는 차차 '어른과 함께 있을 땐 칼을 써도 돼.'가 되고, 그 다음엔 '가스레인지 위에서 요리해 봐도 돼.'가 된다.

아이가 자람에 따라 넓어지는 경계의 예

1단계. 엄마가 아이를 목욕시킬 때를 정하고 직접 목욕을 시킨다. 처음에는 아이의 독립 영역을 목욕 장난감을 정하는 정도로 제한한다.

아기를 혼자 욕조에 두는 것은 아마도 정상적인 사고력을 가진 부모라면 상상도 하지 못할 것이다. 이는 너무나 위험하다. 아이가 장난감을 잡으려고 손을 뻗다가 균형을 잃고 물에 빠질 수도 있다.

2단계. 엄마가 아이의 목욕 시간을 정하지만, 아이가 직접 목욕 장난감과 샴푸, 비누를 챙겨 스스로 씻는다. 엄마는 옆에 함께 있으면서 아이가 씻는 모습을 살피고 꼭 필요할 경우에는 도와준다. 그러나 단순히 지켜보는 것만으로는 부족하다. 아이는 안전하게 목욕하는 법을 배워야 한다. 혼자 목욕하도록 그냥 내버려두면 아이는 욕조 안에서 재주넘기를 하고 다이빙을 하고 온갖 방법으로 욕실에 물난리를 일으킬 것이다.

3단계. 이제 아이는 욕조 안에서 안전한 행동이 무엇인지 잘 안다. 아이가 스스로 목욕할 때를 선택하고 혼자 씻을 수 있으며 깨끗하게 씻을 줄도 안다. 이때 엄마는 아이가 얼마나 자주 씻어야 하는지 그리고 몇 시까지 끝내야 하는지만 알려 주면 된다.

4단계. 아이는 이제 청결이 무엇인지도 분명히 알고 있고 자기 일을 스스로 하는 기량도 발전시키고 있다. 목욕할 시간도 아이가 선택한다. 이제는 깔끔한 외모라는 기준이 독립 영역의 경계 역할을 한다.

그러면 몇 세부터 아이가 혼자 목욕해야 하는가 묻고 싶을 것이다. 내 대답은 '그래야 하는 건 아니다'이다. 아이에 대해서 이야기할 때 나는 '해야 한다'는 표현을 좋아하지 않는다. 아이가 할 수 있다, 아이에게 할 능력이 있다는 것과는 또 다른 이야기이기 때문이다. 더욱이 뭔가를 할 수 있는 능력은 아이의 연령에만 좌우되는 것이 아니다. 아이가 여럿인 부모들이 자주 하는 이야기가 있다. 한 아이는 워낙에

'한번 앉혀 놓으면 그 자리에 그대로 있는' 아이였기 때문에 다섯 살 때부터 이미 잠깐씩은 걱정 없이 욕조에 혼자 둘 수 있었는데, 다른 아이는 부모가 미처 대응을 하기도 전에 기발한 장난을 끝없이 생각해 냈기 때문에 일곱 살이 되어도 절대로 욕조에 혼자 둘 수 없었다는

것이다. 신체 단련을 한답시고 욕조에 찬물을 가득 받아 놓고 들어가는 건 위험한 일 축에도 끼지 못한다고 했다. 최소한 찬물에는 오래 앉아 있지 못하니까.

다른 '언제'들도 마찬가지다. 언제 학교를 혼자 보내도 될까? 이것은 사는 지역, 등하굣길, 아이 자신에게 달려 있다. 학교가 아파트 단지 내에 있어서 등굣길 전체가 창문에서 내려다보이는 상황과, 학교까지 몇 블록 떨어져 있으면서 번화한 교차로까지 건너야 하는 등굣길은 전혀 다른 상황이다. 아이들 또한 각기 다르다. 독립을 갈망하여 혼자 다니겠다고 우기는 아이가 있는가 하면 혼자 다니는 걸 무서워해서 어른들이 꼭 같이 다녀 주길 바라는 아이도 있다. 아이의 두려움은 절대로 무시하면 안 된다. 그러므로 이런 경우에는 아이와 동행해 주면서 아이가 두려움을 극복할 수 있도록 도와주어라.

두려움을 통해 독립성을 키우는 것도 가능하지만(두려움을 극복하는 것이 아니라 두려움과 공존하는 것에 가깝다.) 그 영향이 어른이 된 후에 나타나기도 한다. 일곱 살 난 엘레나의 엄마는 야간 당직 근무를 나가면서 딸을 집에 혼자 두었다. 안전에 대해서는 염려할 것이 없었다. 엘레나는 신중한 아이였고 낮 시간에도 차분히 혼자 있는 아이였다. 그러니 밤이라고 혼자 있지 못할 이유가 없어 보였다. 한잠 자고 일어나면 엄마도 집에 와 있을 테니까. 만약을 대비해 비상 열쇠도 옆집 아주머니에게 맡겨 놓았다. 밤이 되면 침대 밑에서 괴물이 기어 나올 거라고 엘레나는 무서워했지만 엄마는 딸의 이런 비이성적인 공포를 무시했다. 엄마는 엘레나가 이불을 머리 끝까지 뒤집어쓴 채 공포에 떨며 울고, 물을 마시러 주방에 가거나 화장실로 나가는 게 너무

무서워서 엄마가 올 때까지 그냥 참는다는 사실을 전혀 몰랐다. 엘레나는 이제 서른이 되었지만 절대로 밤에 혼자 있으려고 하지 않는다. 남편이 출장을 가면 엘레나는 친구네로 간다. 어린 시절의 경험이 트라우마로 남아 안 좋은 기억을 지속적으로 깨우며 부정적인 감정을 불러일으키는 것인데, 이런 감정을 다스리기는 매우 어렵다.

아이가 "와! 시도해 보니 재미있네!"의 물결을 타고 독립을 경험하는 것이 가장 이상적이다. "넌 할 수 있을 거야!"라는 부모의 말만으로는 부족하다.

독립성이 발달하기 위한 이상적인 조건은 **안전한 공간 + 아이 자신의 동기 + 어른들의 믿음**이다.

부모의 불안감

아이의 독립성 발달 요인 가운데 가장 중요한 것은 부모가 불안을 다루고 극복하는 능력이라는 것이 내 생각이다. 솔직히 말하면 나도, 내가 '게으른 엄마'라는 걸 잊고 학교로 아이를 마중 나가는 편이 훨씬 더 편하다. 이성적인 생각을 도저히 할 수 없게 만드는 최고의 불안 '지금 내 아이는 어디에 있지?'를 쉽게 떨쳐 버릴 수 있기 때문이다.

사실 큰아이는 이미 오래전에 혼자서 하교할 권리를 얻어 냈다. 아들은 혼자서 현관문을 열 줄도 알고 집 열쇠도 가지고 다닌다. 아들은 할머니나 엄마, 돌보미가 마중 나오는 다른 1학년생들 앞에서 자신의 어른스러움을 드러내고 싶어 한다. 그런데 어느 날 학교에서 나오는데⋯ 엄마가 보인다("어쩌다 보니 일 때문에 근처를 지나가게 되었는데 마침 수업이 끝날 시간이더라고."). 그 시선을 보고 나는, 내일은 반드시 너 혼자 집에 오게 될 거라고 황급히 약속하지만 내심 내 아이가 잘 있다는 사실에 안도한다. 그러고는 아이가 "아, 이미 다 안다고요!"라고 할 때까지 또 한 번 안전수칙을 읊어 준다. 그럼에도 불구하고 '이미 집에 왔어야 하는데' 하는 생각이 들 때면 어김없이 불안이 달려든다. 처음에는 수업에 늦게 끝났을 거야, 옷 갈아 입느라 시간이 더 걸리는 거야 하며 불안감을 쫓으려고 애쓰다가 아이에게 전화를 건다. 아이들 핸드폰으로 전화를 걸어 불안을 해소할 수 있다니, 요즘 부모들은 얼마나 행운인가. 하지만 아이가 전화를 받지 않으면 불안은 더 커져 버린다. 결국 후다닥 옷을 입고 뛰어 집을

> 아이가 "와! 시도해 보니 재미있네!"의 물결을 타고 독립을 경험하는 것이 가장 이상적이다.

나서………자마자 현관문을 향하는 열쇠가 보인다. 학교에서 집까지 혼자 왔다는 사실에 흡족해하며 아이가 몇 미터 전부터 만지작거리며 준비한 열쇠다. 아이의 자랑스러운 귀가를 엄마가 망친 것이다.

흠뻑 젖어 지저분한, 그러나 신이 난 아들이 학교 운동장에 있던 눈사람에 대해 이야기한다. 첫눈은 부모의 엄중한 지시 "학교 끝나면 곧바로 집으로 와!"까지도 잊게 만드는 사건이다. 나는 숨을 한 번 고르고 물어본다. "엄마 전화 왜 안 받았니?" 사실 대답은 뻔하다. "못 들었어요." 이해할 수 있다. 학교 운동장에서 아이들이 내는 소리는 어떤 벨소리도 덮어 버릴 테니까.

물론 쉽게 불안감을 떨칠 수 있는 방법도 있긴 하다. 독립성을 발휘하고 싶은 아이의 충동에는 아랑곳하지 않고 아이를 배웅하고 마중 나가는 것이다. 그러나 어떻게 하건 간에 부모에게는 이 괴로운 불안감이 생길 수밖에 없다. 그것도 수없이. 아이가 혼자서 놀이터에서 놀 때, 여름 캠프에 갈 때, 다른 농구 팬들과 경기를 보고 돌아올 때, 여자아이를 바래다준다고 밤중에 먼 동네까지 갈 때, 대학시험을 보러 다른 도시로 갈 때 등등… 원인은 수도 없이 많고 불안감은 매번 찾아온다. 이를 피할 수는 없다. 그런데 저 멀리 출구가 하나 보이는 것만 같다. 아이를 부모에게 완전히 매어 놓는 것이다. 이것이 아이에게 좋은 것인가? 절대 아니다. 이것은 아이에 대한 보살핌에서 나온 것이 아니라 부모의 이기심에서 나온 것이다. "나는 편안하고 싶어. 나는 불안한 게 싫어. 난 불안을 견디는 게 힘들어. 그러니 항상 내 옆에 있어. 내가 널 볼 수 있도록. 네 인생을 살지 마."

아이에 대해 불안을 느끼는 건 자연스러운 일이다. 그러나 이 불안

감이 정상의 범주를 넘어 과잉 불안이 되면 이는 아이의 성장을 방해한다.

— 내가 직접 사과 닦을래요!

— 안 돼, 엄마가 닦을게. 넌 잘 못 닦아서 사과에 세균이 남을 수도 있어(엄마의 상상 속에서는 이미 세균성 이질과 어린이 병원의 전염병동이 그려진다).

엄마들이여, 아이가 직접 사과를 닦게 하라. 엄마가 할 일은 그저 잘 닦았는지 확인하는 것이다. 마음속으로 주문을 외우며 스스로를 안심시켜라. "면역력이 길러질 거야." 민간에 이런 말도 있지 않은가. "진흙 알갱이마다 비타민이 하나씩 들어 있다."

— 내가 치즈 자를래요!

─ 안 돼, 칼 내려놔! 손 다쳐!

칼을 다루는 법을 배우지 못하면 정말로 다친다. 그러니 허락해야 한다. 다만 옆에서 과정을 지켜보라. 그리고 "손가락이 칼 밑에 들어가지 않도록 잘 봐야 해."라고 일러 주어라.

─ 선생님, 우리 알리나 오늘 어떻게 보냈나요?

알리나는 다섯 살이었고 이 날이 유치원에 온 첫날이었다.

─ 잘 지냈어요. 잘 먹고, 잘 놀고, 응가도 했고요.

─ 응가를 했어요? 어떻게요?!

─ 다른 아이들처럼요. 변기에다요.

─ 변기 위에 앉았어요?!

─ 걱정 마세요, 변기는 깨끗해요. 정기적으로 소독하고 있어요.

─ 엉덩이는 누가 닦아 줬나요?

─ 알리나가 닦았지요.

─ 알리나가요?!

─ 네, 유치원에서는 모두 혼자 닦아요.

─ 뭘로 닦나요?

─ 화장지지요. 달리 뭘로 닦겠어요?

─ 하지만 저는 집에서 물티슈로만 닦아줘요.

─ 아이가 일반 화장지를 쓰면 무슨 일이라도 생기나요?

─ 화장지로는 깨끗이 닦지 못할 텐데 그러면 엉덩이가 가려울 수 있지요. 휴지로 문지르면 발진이 생길 수도 있고요. 게다가 잘못된 방향으로 닦으면 생식기로 세균이 들어갈 수도 있잖아요. 만약에 그렇게 닦고 나서 손도 제대로 안 씻었다면요?!

어떻게 이렇게 살아갈 수 있을까. 물론 엄마는 딸을 위해 이러는 것이다. 그리고 다행히 이것이 아직은 아이에게 문제를 일으키지는 않았다. 엄마의 이 같은 행동이 어떤 문제를 야기할 수 있을까? 아이가 엄마와 함께 있을 때만 대변을 보는 습관이 생길 수도 있다. 아이가 보기에는 엄마만이 모든 걸 제대로 안전하게 할 수 있기 때문이다. 어떤 아이들은 이러한 이유로 심신의학적 변비가 생기기도 한다. 변비에서 끝나면 그나마 다행이다…. 처음에는 엄마에게서 떨어지지를 못하다가 차차 나이가 들면서는 집을 떠나지 못하게 된다. 아이가 여름 캠프에 참가하지 못하는 정도의 문제가 아니다. 심신의학적 증상들로부터 벗어나지 못하는 이 '집콕' 아이들은 성인이 된 뒤에도 여행이나 출장을 가지 못한다. 일부는 매일 변비약을 먹으며 살고, 일부는 하는 수 없이 심리치료사에게 도움을 청하기도 한다(매우 민감한 문제이기 때문에 공적인 도움을 요청하는 경우가 극히 드물다).

> 엄마만이 제대로 하는 법, 올바르게 하는 법, 안전하게 하는 법을 알고 있고, 엄마의 이 방법들을 계속 듣다 보면 아이는 엄마에게서 떨어지는 것이 정말로 무서워진다.

엄마만이 제대로 하는 법, 올바르게 하는 법, 안전하게 하는 법을 알고 있고, 엄마의 이 방법들을 계속 듣다 보면 아이는 엄마에게서 떨어지는 것이 정말로 무서워진다. 게다가 엄마들은 자주 이런 대화를 나누며 분개한다. "어떻게 아이들을 저렇게 높이 올라가도록 할 수가 있지? 대체 왜 저런 걸 놀이터에 설치한 거지? 보육교사들이 아이들을 모두 감시할 수 있겠어?", "말이 돼? 점심으로 가시도 안 바른 생선이 나왔어. 아이가 먹을 수 있겠냐고! 못 먹고 배가 고프거나 아니면 먹다가 가시가 목에 걸리겠지.", "아니, 내 말 좀 들어 봐! 애 할머니가 사과를 껍질째 애한테 줬다니까. 껍질을 벗겨야 한다고 몇 번을 이야기했는데. 질산염은 모두 껍질에 모인다고!"

엄마 옆에서 이런 이야기를 계속 들으며 아이는 생각한다.

'그래, 세상은 위험해. 어떻게 해야 안전한지 엄마는 다 알아. 엄마에게서 절대로 떨어지지 않을 거야!'

그런 아이에게 엄마는 이렇게 말한다.

"왜 이래, 아들? 가서 아이들과 놀아. 저희 아이가 수줍음이 많아서요…."

그 다음은?

통제에 대해

부모의 통제는 다양한 모습을 갖는다. 아이를 보호하는 통제가 있고, 지도하는 통제가 있고, 억누르는 통제가 있고, 차단하는 통제가 있고, 성가시게 하는 통제도 있고 거리를 두게 하는 통제도 있다. 부모가 제때 양보하고 통제를 낮추지 않으면 이 중 하나에서 다른 하나로 쉽게 바뀐다.

아이가 하루 동안 먹는 음식을 엄마가 모두 통제하는 일은 아이가 겨우 두 살이라면 정상적이고 자연스럽고 또 합리적이다. 특히 아이에게 알레르기가 있다면 더더욱 그러하다. 그러나 이런 장면을 상상해 보자. 아이는 이미 일곱 살이고 같은 반 친구의 생일파티에 초대받았다. 많은 아이들이 한자리에 모여 다들 신나서 떠들고 논다. 아이들은 주기적으로 테이블로 달려와 뭔가를 집어 들고 다시 놀러 뛰어간다. 엄마들은 활기차게 이야기를 나눈다. 그 가운데서 오직 한 엄마만 아이가 뭔가 해가 될 것이나 알레르기를 일으키는 음식을 집어 가지는 않는지 아이에게서 잠시도 눈을 떼지 않고 지켜본다. "빅토르, 빅토르! 너 방금 뭐 집었니?! 사탕 제자리에 놔! 안 그러면 지금 바로 집에 갈 거야!" 빅토르의 모든 행동이 엄마에 의해 통제된다. 엄마는 사실상 아이가 게임을 하도록 부추기는 것이다. "엄마 모르게 사탕 가져가기만 해 봐." 이번에는 아이 뜻대로 되지 않고 엄마가 승리

할 수도 있다. 그러나 확신컨대 이 게임은 다음 번 파티에서도 이어질 것이다. 아이는 점차 엄마의 통제에 짜증을 내고 결국은 엄마를 멀리하게 될 것이다. 뿐만 아니라 이러한 통제는 자기 통제와 책임감의 발달을 가로막는다. 빅토르는 일곱 살이다. 이미 자신이 먹는 것과 피부 발진 사이의 인과관계를 알 수 있는 나이이다. "너 사탕 가져갔니? 그걸 먹을 수는 있어. 하지만 그러면 팔이 심하게 가려워진다는 거 알지?" 그렇다, 빅토르는 안다. 그러므로 선택도 할 수 있다. 스스로. 의식적으로. 그리고 책임감을 가지고. 여기서 필요한 것은 딱 하나, 엄마가 두려워하지 말고 아이에게 이 책임을 위임하는 것뿐이다.

유치원에서 나는 알레르기가 있는 아이들 반의 교사로 일한 적이 있다. 그 반 아이들은 모두 알레르기가 있었고 원인도 제각각 달랐다. 아이들은 모두 자기가 먹어도 되는 것과 먹으면 안 되는 것을 잘 알고 있었다.

유치원에서는 아이들이 자기 생일날 사탕을 가져와 친구 모두와 나눠 먹곤 했다. 알레르기가 있는 아이들 반에서는 대다수가 먹을 수 있는 사탕이나 과자 또는 비스킷을 가져왔다. 네 살 난 아이들은 관심을 갖고 몰려들었다. "호두 안 들었어요?" 아이들은 거부할 줄도 알았다. "전 먹으면 안 돼요, 글루텐이 있거든요!" 부모들은 아이에게 무엇을 먹으면 안 되고 왜 안 되는지를 설명해 주었다. 그들은 인과관계를 설명하고 책임을 넘겨주어 부모의 통제를 아이의 자기통제로 바꾸었다.

초등학교에 입학하고 처음 몇 달간 아이가 책가방 싸는 과정을 엄마가 통제하는 것은 정상이다. 이것은 적절하고 자연스러운 통제이다. 이러한 통제를 통해 아이에게 스스로 통제하는 법을 가르치는 것이다. "자, 이제 다 넣었는지 다시 한 번 확인해 봐. 시간표와 맞춰 보자. 음, 수학이 있구나. 교과서와 익힘책 모두 넣었니?" 그러나 아이가 이미 3학년인데 엄마가 저녁마다 아이의 책가방을 들여다보며 "물감은 챙겼니?" 하고 묻는다면 이건 아이를 억누르는 통제이다. 미술 시간에 물감을 가져가는 건 이미 아이가 책임져야 할 부분이다. 심지어 넣지 않았다고 한들 어떤 무시무시한 일이 벌어지겠는가? 물감 없이 미술 수업을 받은 아이는 자기가 잊어버린 행동의 결과를 절실히 느낄 것이다. 자신에게 발생한 어려움을 직접 해결하려고 짝에게 물감을 빌릴 수도 있다. 이런 시도들이 실패로 돌아가 최악의 경우에는 D를 받을 수도 있겠지만 이 또한 앞으로 어떻게 해야 하는지 알게 되는 경험이다. '주의 깊게 책가방을 싸야 한다.'는 올바른 결론을 얻거나 아니면 "엄마! 왜 물감 안 챙겨줬어요! 엄마 때문에 D 받았잖아요!" 하는 잘못된 결론을 얻을 것이다. 그리고 이 잘못된 결론은 아이의 가방을 통제하는 엄마가 불러온 것이다. 엄마의 통제를 아이의 자기통제로 바꾸지 못했기 때문이다.

반면에 입학 첫날부터 아이에게 모든 책임을 넘기는 것 역시 지나치게 극단적이다. 이 또한 아이가 독립성을 키우는 데 도움이 되지 않는다. 아이에게 자기통제 방법을 알려 주지 않고, 책가방에 넣은 물건과 시간표를 비교해야 한다는 것도 알려 주지 않은 채 "네 마음대로 가방을 싸 봐!"라고 하면 어떻게 될까? 무엇을 어떻게 해야 할지 전혀 모르는 아이는 그 즉시 좌절 상황에 처하게 되고 이는 학업에 부정

> 지각하지 않도록 가르치는 것은 아이가 저학년일 때 특히 중요하다. 학업을 중요하게 생각하고 근면한 학생이 되려는 소망이 있는 시기이기 때문이다.

적인 태도로 이어질 것이다. 교육심리학에는 '근접발달영역'이라는 개념이 있다. 이 영역을 건너뛰어 전혀 모르는 활동으로 아이를 밀어 넣어서는 안 된다. 부모가 먼저 방법을 보여준 뒤 함께 해 보고, 그 다음에는 부모가 통제하다가 아이에게 완전히 위임하는 순서이다. 이 단계와 순서를 건너뛰지 말고 지켜야 한다.

통제가 억압이 되어 가는 것은 어떻게 알아차릴 수 있을까? 매우 간단하다. 자신에게 질문해 보라. 아이를 통제할 때 나는 아이를 사랑하는 마음에서 행동하는가 아니면 나 자신을 사랑하는 마음에서 행동하는가? 만일 자신에 대한 사랑 즉 아이에 대한 권력을 표출하려는 바람에서 통제가 나온다면 이때의 통제는 이런 식으로 표현될 것이다. "엄마 말대로 해야지. 엄마가 하지 말라는 건 하지 말아야 해. 엄마가 더 잘 아니까. 엄마 말은 들어야 하는 거야. 엄마가 조금 실수하더라도 – 누구나 때때로 실수를 하니까 – 결국은 엄마가 말한 대로 될 거야." '엄마' 자리에 '아빠'를 넣어도 본질은 달라지지 않는다. 이러한 통제에서는 부모의 권위가 아이의 주도성을 완전히 억누른다. 부모가 시키는 일을 그대로 하는 것은 독립성이 아니라 수행 능력일 뿐이다.

다른 질문을 하나 더 해 보자. 아이를 통제할 때 당신은 아이를 도우려는 마음인가 아니면 당신에 대해 부정적인 이미지가 생기는 걸 피하려는 마음인가? '나에 대해 어떻게 생각할까?' 하는 마음이 부모의 통제를 조종하는 경우가 있다. 아이가 교과서를 두고 가면 선생님이 나를 어떻게 생각할까? 아이가 학교에 지각하면 학교에서 나를 어떻게 생각할까? 아이가 대학을 나오지 못하면 친구들이 나를 어떻게 생각할까?

"빨리 해! 얼마나 더 꾸물거릴 거야! 늦었다니까! 그만 먹어! 샌드위치 내려놔! 다 먹을 시간이 없다고! 이미 양치해야 할 시간이야! 얼른 삼켜! 물 좀 마시고. 목 메잖아. 욕실에서 잠이라도 자니? 얼른 나와 옷 입어! 신발 먼저 신고 외투 입어! 장갑은 챙겼어? 열쇠는 챙겼어? 교통카드는?"

한때 나는 층간소음이 심한 아파트에서 산 적이 있다. 매일 아침 나는 이웃집 초등학생의 등교 준비 현황을 생중계로 들었다. 정확히 말하면 그게 초등학생의 등교 준비라고 생각한 건 나였다. 어느 날 그 가족과 함께 엘리베이터를 타고 9층에서 내리기 전까지는. 옆집 엄마는 엘리베이터 안에서 큰소리로 "이제 곧 시험 기간인데!"로 시작하는 잔소리를 했고, 아들은 공부할 시간은 충분하다고 투덜거렸다. 그 굼뜬 '초등학생'이 사실은 대학생이었던 것이다. 엄마는 아들이 초등학교에 다닐 때 시간 맞춰 움직이도록 하나하나 확인하며 재촉했을 것이고, 중학교 다닐 때에도 그랬을 것이고, 그 뒤로도 계속 그래 왔을 것이다. 훗날 아들이 회사에 출근할 때도 엄마가 깨워줄지 문득 궁금해졌다.

초등학교 때부터 아이에게 알람 맞추는 법을 알려 주어라. 학교까지 가는 데 얼마나 걸리는지, 등교 준비를 하는 데 얼마나 걸리는지 시험 삼아 해 볼 수도 있다. "자, 오늘 우리는 학교까지 20분 걸렸어. 서두르지 않고 천천히 걷고 싶으면 조금 더 빨리 나와야겠지. 하지만 그러려면 조금 더 일찍 일어나야 해. 알람을 몇 시로 맞출 거니?"

학교에 지각하지 않도록 가르치는 것, 스스로 시간을 확인하도록 가르치는 것은 아이가 저학년일 때 특히 중요하다. 이 연령대 아이들은 학교와 학업을 중요하게 생각한다. 근면한 학생이 되고 싶어 하고 시간에 맞춰 학교에 가려는 내면의 바람도 있다. 이러한 내적인 동기를 바탕으로 책임감과 독립성이 형성되는 것이 제일 간단하면서도 바람직한 방법이다.

강의에 늦지 않도록 엄마가 통제해야 하고 시험 기간에는 교재 앞에 억지로 앉혀야 하는 옆집 대학생에게는 아마도 학업에 대한 동기부여가 없었을 것이다. 이 대학에 다니고 이 전공을 공부하는 일이 그 학생에게는 필요하게 여겨지지 않은 것이다. 이것은 그 학생의 선택이 아니었다. 이것은 부모의 선택이었으며 그 결과 통제는 없어서는 안 될 것이 되었다. 이 통제가 없다면 모든 것이 완전히 달라질 것이다.

부모가 계획하는 아이의 미래

가까운 친구와 공원을 산책하고 있었다. 우리 둘 다 아이들과 함께였다. 내 아이들은 철봉과 그네를 향해 앞서 달려나갔지만, 친구의 아이는 엄마 뱃속에 편안히 웅크리고 있다는 것만이 달랐다. 친구는 출산의 기대로 눈빛을 반짝였다. 곧 다가올 대사건을 자신이 어떻게 준비하고 있는지 환희에 찬 목소리로 이야기했다. 이미 엄청난 수의 사이트를 둘러보면서 글과 댓글도 수천 수만 개를 읽었고, 가장 좋은 유모차와 카시트, 유아용 식탁의자도 골라 두었다고 했다. 사람들이 추천하는 실력 있는 산부인과 의사도 찾아 놓았고, 집으로 왕진을 온다는

소아과 의사, 좋은 마사지사, 훌륭한 조기 교육 학원, 훌륭한 영어 선생과 테니스 강사까지…. 나는 친구의 불룩한 배를 보면서 아기에게 묻고 싶어졌다. 너 테니스 하고 싶니?

— 그리고 무용도 꼭 배우게 할 거야! 당당하고 곧은 자세, 자기 표현 능력은 필수니까!

친구는 의욕과 기쁨에 가득 차 출산준비 보고를 마쳤다.

무용? 나는 웃음이 나오는 걸 겨우 참았다. 나도 아들에게 무용교육을 시키려고 했던 경험이 있다.

1년 전에 만났을 때 MBA과정에서 공부하던 이 친구는 전략적 경영과 사업 개발에 관해 한참 이야기를 했었다. 지금 훌륭한 영어 선생과 테니스 강사에 대해 이야기하는 바로 그 톤으로. 그래서일까, 이 친구에게는 육아가 또 다른 사업 계획이라는 생각이 들었다.

그러나 사업 계획에 적용되는 방식을 육아에 똑같이 적용할 수도 적용해서도 안 된다. 아이가 이 세상에 오는 것은 우리의 바람을 충족시켜 주거나 우리의 계획대로 살기 위해서가 결코 아니다. 아이에게는 이 인생에서 자신만의 사명이 있다. 이러한 의미에서 아이는 우리의 후속편이 아니라 독립된 개인이다. 내 아이는 이래야 한다는 부모의 욕심은 아이가 실제로 어떠한 사람인지를 볼 수 없게 만든다.

내가 이런 생각을 하는 동안 친구는, 6년 후에는 친구들의 아이가 다니는 사립학교가 있는 지역으로 이사 가는 게 좋을 것 같다는 이야기를 하고 있었다. 모두가 들어가고 싶어 할 정도로 좋은 사립학교라고 했다.

— 큰아들은 어떤 학교에 보낼 거야?

긴 독백에 이어진 갑작스런 질문에 나는 사색에 잠겨 듣는 둥 마는 둥 하던 상태에서 끌려 나왔다. 그 순간 갑자기 내가 내 아이의 미래에 너무 태평한 게 아닌가 하는 죄책감이 들었다.

— 일단은 집에서 가까운 곳으로 보내려고. 학교가 단지 안에 있는 게 참 좋아. 덕분에 1학년 때부터 혼자 등하교하고 있거든.

— 그게 끝이야?

— 응, 끝이야.

— 선생은 골랐어?

— 아니. 아들은 앞으로 다양한 사람들을 만나게 될 거야. 학교에서는 다양한 교사들을, 대학에서는 다양한 강사들을, 그리고 나중엔 다양한 고용주들을 만나겠지. 그 사람들은 성격도 모두 다를 거고 요구하는 것도 다 다를 거야. 내가 평생 아이의 환경을 선택해 줄 수는

제1장_ 나는 왜 게으른 엄마가 되었나   81

없잖아. 아이가 어떤 사람과도 소통하고 관계를 맺을 수 있도록 가르치는 게 내 임무라고 생각해. 게다가 실력 있는 선생이나 좋은 학교가 성적을 보장해 주는 것도 아니잖아. 어떤 선생이 가르치건 간에 반에는 늘 성적이 좋은 아이들과 나쁜 아이들이 있기 마련이니까.

― 그럼 아이가 우등생이 되려면 뭘 해야 한다는 거야?

― 왜 반드시 우등생이 돼야 해? 내 육아 목표는 정서적인 행복이야. 아들은 지금 학교에서, 지금 선생님과, 지금 반 아이들과 잘 지내고 있어. 편안해해. 아이가 갑자기 불편해하고 문제가 생긴다면 그때는 뭔가를 바꿔야겠지. 성적은… 나는 이게 상당 부분 교사보다는

> 아이가 이 세상에 오는 것은 우리의 바람을 충족시켜 주거나 우리의 계획대로 살기 위해서가 결코 아니다. 아이에게는 이 인생에서 자신만의 사명이 있다.

부모의 노력에 달려 있다고 생각해.

내 친구는 한동안 말이 없었다. 그러다가 아들이 어렸을 땐 어땠는지 물었다.

— 조기 교육은 뭘 시켰어?

— 안 시켰어. 아무데도 안 다녔어. 난 게으른 엄마야. 아침 일찍 아이를 깨워서 수업에 데려가고 데려오기엔 난 너무 게으르거든. 우리가 원할 때 일어나 차분하게 아침을 먹고 느긋하게 산책 준비 해서 가까운 공원에 나가는 게 훨씬 좋아. 모래놀이도 하고, 솔방울도 세어 보고, 나뭇가지를 큰 순서대로 늘어놓고, 다람쥐 먹이도 주고.

— 운동은?

— 합기도 다녀.

— 특별한 이유라도 있어?

— 아이가 좋아하거든. 자기가 선택한 거야. 처음엔 피겨 스케이팅을 시켰는데, 한 달 지나니까 아주 단호하게 그만두겠다고 하더라고.

— 그럼 넌 그때 그만두게 했어?

— 응. 아이가 좋아하고, 가고 싶어 하는 곳도 많을 텐데 뭣하러 좋아하지도 않는 걸 억지로 하라고 해야 해? 음악 학원은 반 년 다니다가 그만뒀어. 한번은 발레 학교 오디션에 갔었는데 일곱 살 난 아들을 이리저리 구부리고 당기고 이리 비틀고 저리 돌리고 하더니 신체 조건이 좋다며 수업에 오라고 했어. 마치 내가 합격한 것 같아서 정말 기뻤지. 어린 시절 내 꿈이었거든. 사실 피겨 스케이팅도 내 어릴 적 꿈이었어. 그때 살던 도시에서는 발레나 피겨 스케이팅을 할 수가 없었

거든. 하지만 아들은 곧바로 내 꿈을 깨 버렸어. "엄마, 내가 오디션 보길 원했지요? 그래서 봤어요. 하지만 발레는 하지 않을 거예요." 난 이미 객석에서 아들의 무대에 감탄하며 감동의 눈물을 흘리는 나를 상상하고 있었는데 말이야. 이게 나의 첫 번째 시나리오였어. 그건 아들의 시나리오와는 맞지 않았지.

  – 음, 모르겠어…. – 친구가 회의적인 어투로 말끝을 흐렸다. – 우리 부모님은 음악 학원에 다니게 하셨어. 난 내내 '가기 싫어'를 입에 달고 과정을 마쳤지만 지금은 그 덕분에 포기하지 않고 어려움을

극복해 내는 걸 배운 것에 매우 감사하고 있어.

— 부모님에게 감사하는 건 좋은 거지. 하지만 어려움을 극복해 내고 더 높은 목표를 세우는 건 네 마음에 들고 네가 스스로 선택한 걸 하면서도 배울 수 있어. 오히려 그럴 때 마음가짐도 다르고 의지도 다르고 동기 자체가 완전히 달라지지. 다른 사람이 네게 원하는 것에 허비하기엔 시간은 너무나 귀한 자원이야. 넌 지금도 악기 연주를 해?

— 아니.

— 노래는? 집에서나 노래방에서?

— 아니, 안 해.

— 음악 학원에 다니지 않았다면 어렸을 때 뭘 했을 것 같아?

친구는 생각에 잠겼다. 시선은 먼 과거를 향해 있는 것 같았다.

— 난 아마 미술 학원을 다녔을 거야. 그 무렵에 결원이 생겨서 친구가 같이 가자고 했거든. 하지만 음악 학원이랑 미술 학원을 동시에 다 다닐 수가 없었어. 시간이 겹쳤거든. 부모님은 "한번 시작한 걸 중간에 그만두어선 안 돼!" 하면서 이미 몇 년째 다니고 있는 음악 학원을 계속 다녀야 한다고 하셨지.

— 지금 넌 무슨 일을 하고 있지?

— 알잖아! 광고 인쇄, 홍보물 제작.

— 알지. 난 그저 네가 직접 말하면서 비교해 보길 바랐던 거야. 음악 학원과 미술 학원 중에 어떤 게 네 지금 일과 더 가까운지?

친구는 말이 없었다. 잠시 후 실눈을 뜨더니 내 자유선택 이론을 깨려는 듯 도발적인 질문을 던졌다.

— 그럼 너는 어렸을 때 뭘 배웠는데?

여기서 '심리학'이라고 이야기하면 친구가 어떤 표정을 지었을까? 물론 사실이 아니었다!

내가 다니던 초등학교에는 인형 극단이 있었다. 우리는 유치원을 돌아다니며 유아들에게 교통안전에 관한 인형극을 보여 주었다. 그때 나는 언젠가 반드시 말썽쟁이 꼬마 여우의 엄마 역 대신 선생님 역으로 유치원에 오겠다고 꿈꾸었다.

그 후에는 문화교실 댄스 강좌에 다니면서 아동 행사에서 공연을 하곤 했다. 겨울방학 내내 트리를 장식하고 아이들과 함께 군무를 췄는데, 나는 무대에서 혼자 회전하는 춤보다 아이들과 함께하는 이런 춤이 훨씬 더 좋았다.

미술 학원에 다닌 적도 있다. 특히 마음에 들었던 건 고전 회화가 아니라 장식-응용 예술이었다. 다양한 기술을 익히고 다채로운 물질을 사용하는 게 정말 좋았다. 이 경험은 훗날 내가 심리치료캠프에 참여하고, 유치원에서 일을 할 때 그리고 심지어 대학에서 학생들과 함께 대자보나 선전 포스터, 다양한 수공예품을 만들 때에도 큰 도움이 되었다.

그러나 내가 미술 학원에 고마워하는 건 이 때문만이 아니다. 미술을 배우는 과정에서 얻은 구성감과 회화감에 이후 심리학 지식이 더해지면서, 아이들이 그린 그림을 보면 그걸 그린 아이의 감정을 '추론' 할 수 있게 되었다. 함께 그림을 그리면서 아이의 감정 상태를 변화시키는 미술치료도 할 수 있게 되었다. 또한 나는 어른들의 그림을 보면서 그들이 치부를 드러내고 싶지 않아서, 혹은 스스로가 인식하지 못해서 이야기하지 못하는 문제들을 '읽어낼' 수도 있게 되었다. 내 인생에 미술 교육이 없었더라면 과연 내가 지금처럼 미술치료를 좋아하게 되었을지 장담할 수가 없다.

반면에 나는 스키를 그만둔 적이 있다. 함께하는 아이들 중 내가 가장 느렸기 때문이다. 농구도 그만두었다. 공이 머리로 날아올까 봐 늘 무서웠기 때문이다. 그때 내가 미술 학원에 다니는 대신 스키를 계속 타야 했던 걸까? 심리학자나 미술치료사의 도움을 얻기 위해 나를 찾아오는 내담자들에게도 두려움을 극복하고 농구를 잘하게 된 내가 지금의 나보다 더 필요할까?

나는 내 주장의 논거로 나의 학생이었던 다리야의 이야기를 친구에게 해 주었다. 다리야의 엄마는 딸이 태어나기도 전부터 이미 딸을 체조선수로 만들겠다고, 금메달리스트로 키우겠다고 결심했다. 그리고 딸이 태어나자 엄마는 훌륭한 체조 코치를 찾아갔다. 그러나 코치는 다리야를 보더니 체조를 하기엔 다소 뚱뚱하다고 말했다. 엄마가 크게 상심하자 코치는 아이가 살이 빠질 수도 있으니 반 년 후에 다시 오라고 했다. 엄마는 딸의 '살을 빼기'로 결심했다. 그리고 '러시아 체조 유망주'가 매일 10시간씩 일주일에 5일을 보내는 반을 맡은 나에게 다리야의 식사량을 관리해 달라고 요청했다. "아무것도 더 주시면 안 돼요! 밀가루는 절대 안 되고요! 점심에 롤빵이나 과자 같은 건 절대로 주지 마세요!" 그러나 다리야는 빵을 달라고 나에게 애원했다…. 다리야는 활발한 야외 활동을 싫어했다. 느긋하고 공상적이었던 아이는 물감을 가지고 그 나이 또래 아이들에게 근사하게 느껴지는 그림을 그리는 걸 좋아했다. 그리고 그토록 엄격하게 식사

우리 부모님은 음악 학원에 다니게 하셨어. 난 내내 '가기 싫어'를 입에 달고 과정을 마쳤지.

를 조절했음에도 불구하고 반 년이 지나도 다리야는 살이 빠지지 않았다. 한편 나는 이 반 년 동안 엄마의 관심을 딸의 그림으로 돌리려고 무척 애를 썼다. "이것 좀 보세요! 이 나이 때 이렇게 짜임새 있는 그림을 그리는 아이는 거의 없어요. 그림을 그리라고 하면 보통은 종이에 아무거나 그려 놓거든요. 어떤 아이들은 심지어 위아래 구별도 없이 그려요. 그런데 다리야의 그림 좀 보세요! 물감으로 실험까지 하고 있어요. 직접 물감들을 섞어 본다니까요. 다리야는 하루 종일 그림만 그리라고 해도 즐겁게 그릴 아이예요. 그림에 재능이 있어요. 이 재능을

키워 줘야 해요." 다행히도 엄마는 내 이야기를 귀 기울여 들었다. 그리고 다리야에게는 평범한 체조 선수 대신 재능 있는 화가가 될 수 있는 기회가 생겼다.

─ 에이, 그건 사실이 아니야. ─ 친구가 회의적으로 말했다. ─ 다리야가 재능 있는 화가가 될 거라는 건 전혀 사실이 아니야. 1년 후에는 그림을 완전히 그만둘 수도 있어.

─ 그럴 수도 있지. 하지만 다리야는 자기가 좋아하는 것, 마음이 끌리는 것, 재능이 있는 걸 하게 될 거야. 체조를 하면서 내가 제일 못한다는 생각을 하는 대신에 성취감을 느끼게 되겠지. 아이의 능력은 자기가 좋아하는 걸 할 때 더 빠르게, 더 조화롭게 발달해. 그리고 습득한 기술은 어찌됐든 아이에게 남아서 훗날 다른 활동을 할 때 도움이 될 수도 있어.

─ 좋아하는 것만 하면서 평생 살 수는 없잖아!

─ 하지만 모두가 그걸 원하지 않아? 우리는 성인이 된 다음에도 좋아하는 걸 찾으려고 애쓰잖아.

아이의 인생에서 반드시 거쳐야 하는 학교와 교육 과정이 있다는 건 분명하다. 그 외에 추가적인 교육은 아이가 좋아하는 걸 하도록 하자.

친구는 침묵에 빠졌다. 침묵은 좋은 신호이다. 이것은 내면에 변화가 일어나고 있다는 뜻이다. 그렇다고 해서 친구가 내 의견에 완전히 동의하고 '나의 영재 아이'라는 새로운 사업 계획을 포기할 거라고는 생각하지 않는다. 다만 친구가 내 의견을 강하게 반박하지 않았다는 데 의미가 있다고 생각한다. 이는 곧 태아에게 자유롭게 선택할 수 있는 가능성이 생겨났다는 뜻이다. 아가야, 나는 테니스에 반대할 생각이 전혀 없단다. 네가 스스로 그걸 원한다면 말이야.

아이에게 독립성을 길러 주려면 우선 아이의 기질을 인정하고 아이의 자기결정권을 인정해야 한다. 무엇을 할지, 무엇이 좋은지, 무엇을 믿을지를 정하는 것은 아이의 몫이다.

부모의 완벽주의

엄마가 자기 안에 있는 완벽주의자를 잠재운 후에야 아이들은 독립적으로 행동하기 시작한다.

― 안녕! 어서 와, 차 마시자. 이제 곧 가게에서 차가 올 거야.

내가 농담을 했다.

― 식품 배송 서비스?

― 응, 아들이 초등학교 가면서부터. 아이가 사다 줘.

― 정말? 난 아직 가게에 혼자 못 보내겠던데.

― 왜?

― 난 남편도 혼자 못 보내. 꼭 다른 걸 사오거든. 난 항상 내가 직접 사러 다녀. 남편은 옆에서 장바구니만 들어 주고.

― 왜?

― 뭐가 필요한지 내가 더 잘 아니까.

― 뭐가 필요한데?

― 휴, 설명하자면 길어. 처음엔 나도 시도해 봤는데 직접 하는 게 속 편해. 어떤 어떤 회사의 어떤 햄을 사오라고 이야기해서 보내지.

그런데 그게 없는 거야. 그러면 다른 걸 골라야 하잖아. 그러면 남편은 전화를 해서 어떤 걸 살지 물어봐. 그러면서 그 종류들을 다 나열하는 거야. 그러면 난 또 "성분이 뭐야? 유통기한은? 가격은?" 하면서 물어봐야 하고… 이게 더 지쳐.

― 상상이 된다…. 아마 너만 지치는 게 아닐 거야. 남편도 네가 직접 가는 걸 선호할 것 같아.

― 맞아! 남편은 정말 여기에 소질이 없어! 버터 사오라고 몇 번을 보냈는데 어쩜 그렇게 매번 다른 걸 들고 오는지! 지방 함유량도 다른 걸 사 오고, 유통기한도 완전히 임박한 걸 사 오고, 또 아예 버터가 아니라 마가린을 사 오기도 하고, 턱없이 비싼 걸 사 오기도 하고! 물건 살 때 이게 정말 비싸다는 건 척 보면 알 수 있는 거 아니니?

― 네가 좋아하는 차도 정해져 있니?

― 물론이야. 차 사오라고 남편을 보낼 때는 아예 포장지 사진을 전화로 보내 줘!

― 그 차가 가게에 없으면 남편은 네게 전화하겠지, 햄 살 때처럼?

― 그러겠지.

― 난 아들에게 아무 홍차나 사 오라고 시켰어. 그러니 이 차는 분명 네 남편 전화기 속 사진의 그 차는 아닐 거야. 어떻게 할 거야? 안 마실 거야?

― 바보 같은 소리. 당연히 마시지. 내가 놀러 온 건데, 너희 집에는 내가 좋아하는 차가 없을 수도 있지. 난 그런 건 괜찮아.

― 내가 바로 그렇게, 어떤 차든 괜찮게 마실 준비가 되어 있어. 그래서 용감하게 아들을 가게에 보낼 수 있는 거야. 티백이 아니라 잎차를

사 와도 문제될 게 없어. 최소한 아들은 이 둘의 차이를 알게 될 테고 잎차 끓이는 법도 배울 테니까. 만약 홍차 대신 녹차나 히비스커스를 사 온다면 그런 차도 있다는 걸 알게 되고, 차에 따라 맛이 다르다는 것도 알게 되는 거지. 어떤 게 더 좋은지를 직접 느낀다면 그것도 좋고. 무얼 사든 삶의 경험이 되는 거야. 정제 식용유를 사 오라고 시키면서도 나는 아들이 비정제 식용유를 사 올 수도 있다고 생각해. 그러면 두 식용유의 차이에 대해 아들과 이야기 나누는 계기가 될 거야. 세탁기용 세제를 사 오라고 했는데 손세탁용 세제를 사 와도 난 참을 수 있어. 치명적인 일도 아니고, 그냥 차이를 설명해 줄 거야. 그러면 다음에 세제 사러 갔을 때 아이는 더 주의 깊게 살펴보겠지. 만일 뭔가 완전히 질이 떨어지는 걸 사 오거나 유통기한이 지난 걸 사 온다면 차분히 이야기를 나누면서 여기서도 어떤 결론을 도출해 낼 거야.

— 하지만 돈이 낭비되잖아. 난 그렇게 차분하게 반응할 수가 없어.

— 난 얻을 수 있는 것에 초점을 맞춰. 이 경우엔 경험이 얻어지는 거지. 그것도 값지다고 생각해.

나는 내 아들(그리고 나 자신)의 실수와 불완전함을 맞닥뜨릴 준비가 되어 있다. 사람은 실수에서 배운다. 그러나 실수 때문에 비난받지 않을 때에만 그렇다. 특히 상대를 무시하고 비웃는 거친 비난은 모든 의지를 꺾어 버린다. 따라서 '완벽하지 못한' 구매에 차분하게 대응하려면 먼저 자기 안의 완벽주의자를 잠재우는 것이 중요하다.

완벽주의가 아이의 독립적인 행동과 충돌하는 것은 구매뿐만이 아니다. 완벽주의자에게는 모든 것이 이상적이어야 한다. 혹은 최대한 이상적인 상태에 가까워야 한다. 마루 닦기를 아이에게 맡길 수 있을

> 엄마가 자기 안에 있는 완벽주의자를 잠재운 후에야 아이들은 독립적으로 행동하기 시작한다.

까? 안 돼, 마루가 깨끗해지지 않을 거야. 청소기를 돌리는 것은? 안 돼, 방 가운데만 청소기를 돌리고 침대 밑은 쳐다보지도 않을 거야. 내가 하는 게 낫지. 숙제를 혼자 한다고? 틀리면 어떡하지?! 그럼 다시 써야 할 텐데. 내가 옆에서 알파벳 쓰는 걸 지켜봐야겠다. 식기세척기에서 그릇을 꺼낸다고? 안 돼, 접시를 잘못 정리할 거야. 크기별로 딱 맞춰 세워서 꽂지 못할 테니까. 장난감 정리? 내가 직접 하는 게 낫지. 제대로 분류할 줄도 모르잖아. 또다시 공룡을 병사들이랑 뒤섞어 놓을 거야. 지난번에 아빠랑 정리할 때도 죄다 섞어 놨잖아. 내가 나중에 전부 다 다시 분류했다고. 어떻게 종류가 다 다른 블록을 한 상자에 우루루 담아둘 수가 있지?! 게다가 장난감 차들도 전부 섞어 놨어. 몇 번이나 이야기해야 해, 경주용 차량 화물차는 따로 담아야 한다고. 아무도 정돈할 줄을 몰라. 그러니 내가 직접 해야지.

하지만 엄마가 모든 걸 직접 하면 아이가 독립성을 발현할 여지는 사라진다.

'게으른 엄마'가 되지 못하는 이유

부모의 불안감, 완벽주의 그리고 아이의 미래를 조정하고 통제하려는 욕심이 아이가 독립성을 키우는 것을 방해한다. 그 외에 또 무엇이 방해물이 될까? 바로 진부한 '시간 부족'이다.

"아이가 비누칠을 마칠 때까지 기다릴 시간이 없어요. 아이는 비누로 장난을 치고, 손가락 사이에 비누 거품을 만들어 불면서 노는데 난 그걸 다 기다려 줄 시간이 없어요. 이미 자야 할 시간이 지났거든요. 그래서 내가 그냥 후딱 씻겨요…."

"아이가 요리를 하면 그 다음엔 내가 온 주방을 다 닦아야 해요. 요리하는 것보다 부엌 닦는 일이 더 힘들어요. 내가 요리하는 걸 도와줄 필요 없어요. 나 혼자 하는 게 더 빨라요….”

"에휴, 해야 한다고 설명해 주고, 설득하고, 격려하고 그래야 겨우 고양이 뒤치다꺼리를 하러 가요. 나에겐 그만큼의 자유시간이 없어요. 그냥 빨리 내가 다 해버리고 말아요….”

"우리 딸은 완전히 굼벵이에요. 혼자 옷 입으라고 하면 한세월이에요. 이걸 기다려 주려면 30분은 먼저 일어나야 해요. 내가 후딱 입혀주는 게 나아요….”

그러나 시간 부족만이 유일한 원인은 아니다. 부모들 중에는 '아이를 힘든 일에서 벗어나게 해 주고 실수로부터 보호하는 것이 부모의 임무'라고 확신하는 이들도 있다.

물론 의도는 훌륭하다. 하지만 이를 현실에서 이룰 수 있는 가능성은 거의 제로에 가깝다는 게 문제이다. 일찍이든 나중이든 모든 사람은 인생에서 힘든 일을 맞닥뜨릴 수밖에 없다. 그리고 실수는 모두가 저지른다. 이것이 현실이다.

> '완벽하지 못한' 구매에 차분하게 대응하려면 먼저 자기 안의 완벽주의자를 잠재우는 것이 중요하다.

슈퍼부모가 노력을 하면 모든 것이 완벽하게 이루어질 수 있다고 가정해 보자. 아이가 마주칠 수 있는 모든 어려움을 부모가 직접 해결해 주려면 부모가 실제로 아이 옆에 있어야 한다. 그것도 항상. 이렇게

되려면 아이는 자유와 독립을 포기해야 한다. 그러나 이 또한 평생 아이를 보호해 주지는 못한다. 분명 언젠가는 부모가 세상에 없게 될 것이고 결국 아이는 혼자 남을 것이다. 나이는 어른이지만 의지할 데도 없고 아무도 도와주지 않는 고립무원의 상태로….

부모의 임무는 이런 것이 아니다. 부모의 임무는 아이가 어려움을 이겨내도록 돕는 것이다. 아이가 어려움을 극복할 수 있도록 온 힘을 다해 가르치는 것이다. 어려움을 직접 극복해 본 경험이 무엇보다 중요하다. 이것은 단련하는 것이다. 면역 훈련이나 규칙적인 체력 단련과 비슷하다. 이러한 경험이 있으면 어려운 상황에서도 아이는, 몇 살이건 간에 관계없이 스스로를 조절하며 말할 것이다. "괜찮아, 이것도 난 해결할 수 있어."

실수도 이와 비슷하다. 실수의 결과가 생명이나 건강을 위협하지 않는 한 실수할 거라는 걸 알면서도 아이가 해 보게끔 할 수 있다. "좋아, 해 봐." 아이에게서 실수하는 경험을 빼앗는 것은 아이가 스스로 분석하고 결과를 이끌어내고 예측하고 그럼으로써 실수를 바로 잡을 수 있는 기회를 빼앗는 것이다. '영리한 사람은 다른 이들의 실수에서 배운다.'는 말은 이론적으로는 맞다. 그러나 현실에서는 자신의 경험 즉 직접 실수한 경험을 통해 '어떻게 해야 했는지', '제대로 하는 방법이 무엇인지', '더 나은 방법은 무엇인지'를 더욱 확실히 배운다.

─ 손가락 장갑 끼고 싶어요.
─ 안 돼, 그 장갑을 끼면 금방 젖어서 손이 얼 거야. 벙어리장갑 껴.

그건 젖지 않아.

— 안 젖어요! 난 이 장갑 끼고 싶어요!

— 엄마가 더 잘 알아! 이걸 껴, 얼른!

이런 경우에는 아이가 원하는 장갑을 끼게 하고, 벙어리장갑은 엄마가 챙겨 가라. 장갑이 젖어 손이 얼면 아이가 먼저 벙어리장갑을 달라고 할 것이다. 그리고 이 결정은 자신의 경험을 통해 아이가 스스로 내린 결정이다.

— 그림 그릴 때는 다른 물건들은 테이블에서 치워.

— 난 이게 좋아요.

앗! 물감이 엎질러져 스케치북이 엉망이 된다…. 아이는 안 좋은 경험을 얻는다. 불필요한 물건들을 테이블에서 왜 치워야 하는지 그 즉시 이해하게 된다. 이때 중요한 것은 아이에게 따지고 비난하지 않는 것이다, 이렇게. "거봐, 엄마가 뭐랬어! 엄마가 말을 하면 들어야지!"

엄마의 주장을 앞세우기 전에 조금만 생각해 보라. 아이의 행동이 어떤 결과를 초래할 수 있는지. 그 결과가 생명이나 건강에 위협을 초래할 수 있는가? 그렇지 않다면 스스로에게 다음 질문을 던져라.

실수가 가져올 결과가 돌이킬 수 없거나 해결 불가능한 것인가? 대답이 '아니야'라면 아이가 자신만의 작은 경험들을 모으고 결과를 느껴 보게 하라.

아이가 물을 엎지른다. 아이가 찻잔을 깬다… 이것이 나쁜 것인가 좋은 것인가? 이것은 그저 사실일 뿐이고 사실 자체는 늘 중립적이다.

> 우리 딸은 완전히 굼벵이에요. 혼자 옷 입으라고 하면 한세월이에요. 이걸 기다리고 있느니 내가 후딱 입혀 주는 게 나아요….

제1장_ 나는 왜 게으른 엄마가 되었나   99

깨졌구나….
괜찮아! 얼른 쓰레받기와
빗자루를 가져다 쓸어야겠네.
그 다음엔 걸레로 닦아내야 해.
치울 동안에는 유리조각에
찔리지 않게 슬리퍼를 신고
있어야 해. 자, 같이 치우자!

이럴 줄 알았어.
뭘 맡길 수가 없다니까!
뭐든 어설퍼서….
유리 조각부터 치워야겠네….
얼른 소파로 가,
안 그러면 발 다쳐서
병원에 가야 해.

그 다음 일은 모두 엄마의 반응에 달려 있다. 엄마는 놀랄 수 있다. 어 떻게 해, 어떻게 해! 게다가 아이는 젖은 마루에 발을 딛으려고 한다. 양말이 몽땅 젖을 것이다. 찻잔을 깼는가? 헉, 파편에 다리를 다치면 어쩌지? 파편이 피부를 파고 들어갈 수도 있어. 어떻게 해, 어떻게 해, 어떻게 해! 엄마는 이미 가장 무서운 장면을 상상한다. 마스크를 쓴 의사가 아이의 발에서 유리 조각을 뽑아내는 수술을 하는…. 엄마는 겁에 질려 아이를 다른 방으로 피신시키거나 소파 위에 앉힌다. 아빠에게는 다 치울 때까지 아이에게서 눈을 떼지 말라고 부탁한다.

"부엌에는 얼씬도 하지 마!" 그러고도 혹시 몰라 엄마는 소파에 앉아 있는 아이에게 슬리퍼까지 신긴다. 그리고 불쌍한 아이는 이러한 결론을 내린다. 세상은 위험하고, 자신은 그런 위험에 노출되어 있으며, 세상에서 안전한 곳은 소파 뿐이라고….

엄마가 의기양양하게 "너 엎지른다고 엄마가 말했지!" 하며 승리를 선언하는 것도 역시 좋지 않다. 보통은 여기에 더해 아이가 최근에 저질렀던 실수를 모두 나열하며 아이의 미숙함과 어리석음을 지적하기도 한다. 더 나아가 비관적인 예언까지 하는 경우도 있다. "네가 곧 우리 집 그릇을 다 깨겠구나!" 그러면서 평화를 깨뜨린 아이의 가슴을 철썩 때리고 부엌에서 내쫓을 수도 있다. 이 같은 좌절상황은 이에 상응하는 자존감을 아이의 내면에 형성한다….

반면 엄마가 차분하게 사실만을 돌아볼 수도 있다. 상황 자체가 평범하기 때문이다. 물병을 너무 심하게 기울였을 수도 있고 테이블 끝에 찻잔을 올려놓았을 수도 있다. 우리는 모두 무언가를 배우는 동안 실수를 한다. 만일 엄마가 물은 어떻게 따라야 하는지 차분히 알려 준다면, 유리 파편을 모으는 걸 도와주고 이와 더불어 조심해야 하는 이유를 설명해 준다면, 바닥의 물은 어떻게 해야 하는지 알려 준다면, 그리고 나아가 아이에게 걸레를 주어 엄마와 함께 바닥을 닦게 한다면, 아이는 실수를 분석하고 바로잡는 경험을 할 수 있다. 아이는 이러한 경험을 통해 성장한다.

깨진 찻잔이든 쏟은 물이든 무엇이든 간에 아이에게는 생생한 경험

아이의 행동을 유발하기 위해서는 '해야 한다'로 아이를 이끌거나 아니면 아이의 '하고 싶어'를 키워 주어야 한다.

이다. 이 경험이 아이의 자존감에 상처를 주고 아이의 활동을 멈추게 할지, 아니면 성장하는 기회가 될지는 어른들의 반응과 행동에 달려 있다. '게으른 엄마'는 청소하는 어려움을 아이와 나누는 걸 선호하고, 아이가 할 수 있는 만큼 엄마를 도와주도록 한다.

혼자 옷을 입으려고 하지 않는 아이

혼자 할 수는 있으나 하려고 하지 않는 아이들이 있다. 혼자서 스타킹과 바지를 입고 양말을 신을 수 있지만 그냥 앉아서 입혀 주기만을 기다린다. 훨씬 더 빠르게 이걸 모두 처리해 줄 어른들이 있는데 뭣하러 스스로 고생을 하겠는가.

모든 활동에는 동기부여나 자극이 필요하다. 우리는 두 가지 충동 덕분에 무언가를 한다. 하고 싶거나 아니면 해야 하거나. '해야 한다'를 만드는 원인은 두 가지이다. 좋은 것을 얻기 위해서 또는 나쁜 것을 피하기 위해서. 따라서 아이의 행동을 유발하기 위해서는 '해야 한다'로 아이를 이끌거나 아니면 아이의 '하고 싶어'를 키워 주어야 한다. 그리고 아이가 어릴수록 '하고 싶어'에 기대는 것이 더 좋다.

- ✓ 아이와 함께 '누가 더 빨리 입나?' 게임을 한다.
- ✓ '5분 내에 옷을 입고 지구를 구하라' 같은 슈퍼히어로 놀이 상황을 만든다.

✓ "네가 바지를 입으면 스웨터 입는 건 엄마가 도와줄게."로 타협을 한다.
✓ 아이가 바라는 걸 일깨워 준다. "1등으로 반에 도착하고 싶지? 그러면 우린 10분 뒤에 나가야 해. 얼른 입자!"

"아들은 이미 다섯 살이에요. 혼자서 빠르게 채비를 해야 하는데 내 말을 듣지를 않아요. 유치원에 늦어도 속상해하지 않아요. 모든 걸 저 혼자 하겠다는데 너무 느려서 참을 수가 없어요."

이러한 우스갯소리가 있다.

어느 벽에 붙은 광고. "수리해 드립니다. 빠른 속도로, 좋은 품질로, 저렴한 비용으로. 이 중 두 가지를 고르세요!"

비슷하지 않은가? "유치원에 가려면 빠르게, 제대로, 혼자서 준비해야 합니다. 셋 중에 어떤 걸로 둘을 고르시겠습니까?"

1. 빠르게 & 혼자서: 음, 퀄리티에 문제가 생길 것이다. 양치질을 빠뜨린다거나 스웨터를 뒤집어 입는다거나.
2. 빠르게 & 제대로: 엄마의 도움이 있어야만 한다.
3. 제대로 & 혼자서: 가능하다. 그러나 매우 느리다.

이 연령의 아이(미취학 아동)가 '빠르게, 제대로, 혼자서' 하길 바라는 것은 지나치게 높은 기대이다. 물론 그런 목표를 세울 수는 있다. 그러나 그렇게 하면 엄마의 짜증은 갈수록 커질 것이다. 짜증이나 화는 육아에 도움이 되지 않는다. 아이는 로봇이 아니다. 아이가 무언가를 느리게 하는 것이 부모의 말을 일부러 듣지 않는다는 뜻이 아니다. 아이에게는 그게 맞는 속도일 수도 있고 기질이 그러할 수도 있다.

그리고 어쩌면 아이는 그 일에 관심이 없을 수도 있다. 유치원에 제시간에 도착하는 건 엄마에게 필요한 일일 뿐 아이는 집에 있는 것이 더 좋을 수도 있다.

엄마가 매우 서둘러야 하는 상황에서는 충분히 아이를 도와줄 수 있다. 혼자 옷 입는 능력을 익히게 하는 것은 아이가 관심을 보일 때, 그리고 지각했을 때 발생할 부정적인 결과를 아이 스스로가 인식하고 있을 때에만 가능하다. 아이에게 옷을 빨리 입고 싶다는 동기도 없고, 아이가 가고 싶어 하는 곳을 가는 것도 아니라면 아이는 어떤 식의 놀이나 타협에도 응하지 않을 것이다. 옷을 다 입은 아이가 엄마에게 지금 급히 필요한가? 그렇다면 엄마가 그냥 옷을 입혀라. 그 편이 엄마도 아이도 신경을 곤두세우지 않는 방법이다.

유치원에서 수 년간 일하면서 나는 많은 아이들을 다양한 상황에서 관찰할 수 있었다. 나는 아이가 옷 입는 일에 관심이 생긴 상황에서는 얼마나 열심히 스스로 옷을 입는지를 보았다(예를 들어, 놀이공원에 간다거나 새 장난감을 사러 간다거나 친구에게 놀러 갈 때 등). 그리고 그러한 관심이 없을 땐 바로 그 아이가 또 얼마나 느릿느리이이이이이잇 옷을 입는지도 보았다.

> 아이가 처음 관심을 보일 때 시도하거나 배울 기회를 주지 않으면, 아이가 '다 자랐을 때' 이 관심이 아이 안에 남아 있기 힘들다.

아이 자신의 관심과 필요가 있으면 독립성은 쉽게 발달한다. "엄마가 말했지!"라는 압박, "안 그러면 집에 혼자 둘 거야!"라는 협박, 그리고 "항상 네가 꼴찌야."라는 비난을 통해서는 그 행동에 대한 부정적인 인식만 형성될 뿐이다. 기회만 보이면 아이는 그 행동들을 피하려고 할 것이다.

아이의 독립성을 키워 주는 것은 곧 아이에게 적합한 동기부여 방법을 찾는 것과 같다. 여기서는 모든 경우에 들어맞을 조언을 찾아낼 수가 없다. 당신의 아이에게 동기를 부여하는 게 무엇인지 찾아보라. 엄마가 어떤 말을 해 줘야 하는지, 어떤 상황이 아이를 행동하게 만드는지 관찰하라. 그리고 찾아낸 동기부여 방법을, '왜 이것이 엄마에게 필요한가'의 관점이 아닌 '왜 이것이 아이에게 필요한가'의 관점에서 평가하라.

예를 들어 내 큰아들 아르세니는 신발 닦는 걸 싫어했다. 아르세니에게는 '이대로도 좋기' 때문이었다. 깨끗한 신발은 엄마에게 필요한 것이었지 아이에게 필요한 게 아니었다. 그래서 나는 오른쪽 신발만 반짝반짝거리게 닦아 놓았다. 양쪽이 대비가 되면서 왼쪽 신발이 심하게 더러워 보였고, '이대로도 좋지'는 않다는 게 분명해졌다. 결국 아르세니는 왼쪽 신발을 스스로 닦았다. 동기가 생겼던 것이다.

그러나 작은아들 알렉산드르에게는 일부러 동기부여를 할 필요가 없었다. 알렉산드르는 직접 신발을 닦고 싶어 했다. 세 살 때 그는 자기만의 구두 스펀지를 달라고 졸라 얻어냈다. 그러고는 자기 말고는 아무도 쓰지 못하게 열심히 감시하면서 매일 저녁 그걸로 자기 신발을 닦았다. 아이가 관심을 보이는 순간을 놓치지 않는 것이 중요하다. 아르세니도 세 살 즈음 언젠가 혼자서 신발을 닦고 싶어 했지만 그때는 내가 허락하지 않았다. '더러운 흙먼지와 세균' 때문에 아이가 병에 걸릴까 봐 두려웠다(오, 내가 항상 '게으른 엄마'였던 건 아니다). 아이가 처음

 관심을 보일 때 시도하거나 배울 기회를 주지 않으면 아이가 '다 자랐을 때' 이 관심이 아이 안에 남아 있기 힘들다.
 "우리 딸은 다섯 살인데, 집에 들어와서도 외투를 벗으려고 하지 않아. 이럴 땐 어떻게 해야 해? 억지로 시키거나 비난하거나 질책하면 안 된다며?" – 아는 엄마가 나에게 물어왔다.
 아이는 외투 입고 있는 게 싫증이 나면 벗을 것이다. 내가 네 살 때 유치원에서 돌아와 외투를 입은 채 꽤 오래 마루에서 뒹굴었던 게 기억난다. 나는 그때부터 게을렀나 보다. 부모님은 나를 설득하지도 창피를 주지도 재촉하지도 않으셨지만 외투 벗는 걸 도와주지도 않으셨다. 그러다 덥고 불편해져서 누워 있는 게 싫어지자 외투를 벗으려는 동기가 생겨났고 나는 즉시 일어나 스스로 외투를 벗었다.

아이가 단순히 뒹굴거리는 게 아니라 온 집 안에 들리도록 "외투 벗겨 주세요!" 하며 칭얼거릴 땐 뭐라고 답해야 할까?

우선, 아이가 왜 칭얼거리는지 이해하려고 노력하라. 어쩌면 아픈 것일 수도 있다. 그럴 땐 도와줘야 한다. 그러나 아이가 아픈 것도, 육체적이나 정신적으로 탈진한 것도 아니라면 엄마의 입장을 분명히 표현하라. 엄마가 정말로 물러설 생각이 없다면 아이는 칭얼거려 봐야 소용이 없다는 걸 지금이든 잠시 후든 결국은 깨닫게 될 것이다.

예컨대 이렇게 말할 수 있다.

"엄마도 외투를 혼자 벗으니까 너도 혼자 벗으렴. 네가 할 수 있다는 거 엄마는 알아."

혹은,

"널 도와줄 수가 없어. 엄마는 지금 저녁 준비로 바쁘거든."

혹은,

"안 돼. 이건 스스로 하렴. 넌 할 수 있어."

마음에 드는 표현을 골라라. 중요한 것은 무엇을 말하는지가 아니라 어떻게 말하는지이다. 차분하고 분명하게 전달하라. 엄마의 목소리에 확신이 없으면 아이는 자기가 원하는 걸 얻어낼 기회가 아직 남아 있으니 조금 더 떼를 써야겠다고 생각한다.

하나 더 부언하자면, 아이가 옷 벗는 걸 이따금씩 도와주는 것까지 문제시하지 말았으면 좋겠다. 아이가 정말로 힘들어한다면 도와 달라는 요청을 무시해서는 안 된다.

변기에 앉으려고 하지 않는 아이

아이가 변기에 앉도록 가르치려면 어떻게 해야 할까? 답은 '한 번에 하나씩 순차적으로 그리고 인내심을 가지고'이다. 아이에게 잘 보이는 곳에 변기를 놓고 항상 그 자리에 두어라. 어느 날 갑자기 아이가 스스로 달려가 변기에 앉을 것이다….

어떠한 경우에도 강요하거나 억지로 앉혀서는 안 된다. 아이에게 권할 수도 있고 부탁을 할 수도 있고 설득을 해볼 수도 있지만 강요해서는 안 된다. 아이를 억지로 변기에 앉혀 붙잡고 있어서는 안 된다. 그렇게 되면 변기는 아이에게 부정적인 감정만을 불러일으키게 된다. 시작 단계에서는 무조건 칭찬하는 걸 잊지 마라. 아이가 용변을 보았건 아니면 단순히 당신의 요청에 은혜를 베풀었건 간에 - 무슨 이유에서건 아이는 엉덩이를 내놓고 낯선 물건 위에 앉아 있었지 않은가.

어떠한 '재앙'이 일어나더라도 아이를 비난하거나 창피 주지 마라. 화난 목소리로 '변기'라는 말을 해서는 안 된다. "변기가 왜 있겠니?! 왜 변기에다 하질 않는 거야?!"처럼 말이다. 아이의 입장이 되어 보라. 기저귀에 쉬를 하며 편안히 살았는데 갑자기 당신 앞에 변기가 나타났다. 전에는 자연스러웠던 모든 일에 대해 이제는 엄마가 비난을 한다. 자연스러운 결론이 만들어진다. 변기는 나빠! 일상생활을 어렵게 만들고 있어!

아이의 축축한 바지를 벗기면서 차분하게 그리고 끈기 있게 설명해주어라. "응가와 쉬는 변기에 해야 해. 바지가 젖었잖니. 이건 나쁘고

기분이 안 좋은 거야. 바지가 뽀송뽀송하면 기분이 좋지. 변기를 달라고 해. 다음엔 변기에 앉아 보자. 변기가 어디에 있지?"

그러면서 이 놀라운 위생용품을 사용할 수 있다고 하루에 몇 차례 상기시켜 준다. 곰인형을 변기에 잠시 앉혀 놓았다가 곰인형이 마침내 뽀송뽀송한 바지를 입고 다니게 되어 무척 기뻐한다는 식의 이야기를 만들어 들려줄 수도 있다. 이것으로 충분하다. 나머지는 시간이 해결해 줄 것이다.

서두르려 하지 마라. 평정을 유지하라. 변기를 사용하는 능력은 부모의 교육관과 노력에만 달려 있는 것이 아니다. 그보다는 오히려 아이의 배변 및 배뇨 조절 능력이 얼마나 발달했는지에 달려 있다. 세 살 난 아이들(다 큰!)도 화장실 가는 걸 잊어버리거나 참지 못할 수

있다. 심지어 네 살 난 아이들에게서도 '재앙'이 발생하곤 한다. 맘카페에서는 모두가 "지인이 그러는데 그 집 아이는 6개월 때부터 변기에 앉았대요!"라고 한다는 걸 나도 안다. 진부한 농담에 대처하는 진부한 농담을 해 주자면 – 당신도 똑같이 이야기하라. 그러면 마음이 평온해질 것이다. 일부 사람들이 주장하듯 돌 지난 아이는 변기를 사용할 줄 아는 게 기본이라면 왜 우리 유치원 교사들이 매일같이 두 돌이 지난 아이들을 마른 바지로 갈아입히고 있겠는가?

일회용 기저귀를 일상적으로 사용하며 키우는 요즘 아이들에게서는 종종 기저귀에 대한 이상한 의존이 형성되기도 한다. 나 역시 일하면서 비슷한 사례를 수십 건 마주쳤다. 아이가 기저귀에 배변하는 것을 더 좋아하고 변기에 앉는 것은 단호하게 거부하는 것이다. 아이는

배변과정도 잘 인지하고 있고 조절 또한 잘 한다. 예를 들어 42개월 된 안나는 화장실에 가고 싶어지면 기저귀를 채워 달라고 했다. 변기에 앉는 것은 완강히 거부했다. 부모는 변기가 불편해서 그럴 거라는 생각에 변기를 계속 바꿔 보았다. 다양한 모양과 색깔을 가진 변기들이 연달아 집에 나타났다. 그러나 안나는 기저귀만 찾았다.

어느 날 엄마는 실험을 해 보기로 결심했다. 딸에게 기저귀를 주지 않고 여러 변기들 중에 하나를 고르게 했다. 아이는 배변을 참으며 큰 소리로 울었다. 그렇게 몇 시간이 흐르자 아이는 열이 났고 엄마는 항복하여 기저귀를 채웠다. 다음날 부모는 심리상담을 받기 위해 나를 찾아왔다.

안나는 규칙적인 의식을 사랑하는 꼬마 보수주의자였다. 때문에 기저귀를 떼야 한다는 생각에 적응하고 준비하기까지 시간을 충분히 주는 게 중요했다. 나는 부모에게 마지막으로 커다란 기저귀 한 팩을 사고 그 자리에 반드시 딸을 데려가도록 권했다. 그리고 가게에서(혹은 가게로 가기 전에 집에서) 딸에게, 이게 정말로 마지막 기저귀이고 이제는 더 이상 네 기저귀를 사지 않을 것이라고, 왜냐하면 다 큰 소녀는 기저귀를 사용하지 않는데 너는 곧 소녀가 되기 때문이라고 이야기해 주도록 조언했다.

> 서두르려 하지 마라. 평정을 유지하라. 변기를 사용하는 능력은 부모의 교육관과 노력에만 달려 있는 것이 아니다.

부모는 그대로 했다. 기저귀를 사는 데 딸을 데려갔고 심지어 딸이 직접 지폐를 내밀어 계산대에서 지불도 하게 했다 – 이것은 어른스러운 행동과 독립성을 느끼는 기회가 되었다.(그리고 독립적인 어른은 기저귀를 차지 않는다.) 집에 와서는 남은 기저귀를 딸이 직접 관리하도록 했다. 안나는 매일 저녁 기저귀를 세어 보았다. 아이는 이미 수를 셀 줄 알았다.(유아의 조기발달은 늘 신기하기만 하다 – 아이들은 변기 사용법보다 글을 읽고 수를 세는 걸 더 빨리 배운다!) 부모는 기저귀가 다 떨어지고 나면 화장실 변기와 유아 변기 중에서 무엇을 이용할지 딸아이가 고르도록 했다. 기저귀를 하나씩 꺼낼 때마다 부모는 이제 기저귀가 하나 더 줄었으며, 이제 곧 너는 이 아기용품 없이 지내게 될 거라고 상기시켰다. 또한 엄마와 아빠는 네가 기저귀와 헤어지는 날 파티를 열 계획인데, 파티 장소와 그날 받고 싶은 선물은 직접 고르라고 이야기했다.

독립성을 발휘하는 데 이처럼 많은 기회가 주어지면 아이는 자신이 성숙했다고 느끼게 되어 변기를 이용하겠다는 결심을 하기도 쉬워진다. 안나가 그러했고 결국은 해냈다. 두어 주가 지나 마침내 커다란 기저귀 팩이 비워졌을 때 이걸 누구보다 기뻐했던 건 안나 자신이었을 것이다.

  이 일화에서 작용한 원칙은 순차성(적응을 위한 시간이 있었다)과 자기조절 연습(아이는 남은 기저귀 수를 세며 스스로 이행 과정을 조절했다) 그리고 아이 자신의 동기부여(긍정적인 관심 강화 – 파티와 선물 약속)였다. 36개월 이상의 아이에게는 이 원칙들 모두가 습관과 능력을 형성하는 데 이용될 수 있다.

제2장

일상에서 싹트는
독립성

혼자 놀기

— 잠시도 혼자 놀지 않아요! 항상 누군가가 곁에 있어야 해요. 내가 점심이나 저녁을 준비하려면 아이 할머니가 오셔야 해요. 할머니가 같은 동에 사셔서 참 다행이에요. 우리는 할머니 가까이 살려고 일부러 이 아파트로 왔어요. 딸이 할머니와 노는 동안 난 주방에서 내 일을 마칠 수 있어요.

— 할머니가 멀리 사셨다면 어땠을까요? 다른 가족들은 할머니 도움 없이 어떻게 하고 있을까요?

— 아, 상상도 못 하겠어요! 할머니가 일주일 정도 편찮으셨던 적이 있는데 결국 남편이 휴가를 이틀 내고 그 다음엔 할아버지 그러니까 우리 아빠가 3일 휴가를 내셨었어요.

내 상담실에서 실제로 있었던 대화 내용이다. 주제는 어린 딸의 의존성이었다. 그러나 나는 차차 내 상담실에 앉아 있는 의존적인 소녀가 하나가 아니라 둘이라는 걸 깨닫고 있었다. 한 사람은 두 살이고 다른 사람은 스물다섯 살이었다. 의존적인 소녀가 다른 소녀에게 독립심을 키워줄 수 있을까?

의존적인 소녀들 중 어린 쪽이 지루해졌는지 갑자기 의자에서 내려와 문 쪽으로 갔다. 스스로 그렇게 할 생각을 했고 스스로 그쪽으로

가서 스스로 상담실 문을 열었다⋯.

그 순간 나이 많은 쪽 소녀가 벌떡 일어나 딸을 부르려고 했다.

— 그냥 두세요. 밖에는 소파에 장난감도 있어요. 직원이 봐줄 거예요. 우리는 그동안 이야기 나누지요.

내가 제안했다.

— 오, 안 돼요! 이건 안 돼요. 아이가 내 눈에 보여야 해요. 무슨 일이 생기면 어떻게 해요!

— 밖에는 소파도 푹신하고 장난감들도 부드러운 것들뿐이에요. 직원도 친절한 사람이고요. 무슨 일이 생길 수 있겠어요?

엄마에게는 더 이상 항변할 근거가 남아 있지 않은 게 분명했지만 그렇다고 해서 딸을 혼자 있게 할 마음도 보이지 않았다.

"안 돼요. 내가 보이는 곳에 아이가 있어야 해요." – 바로 이것이 혼자 노는 능력이 발달하는 것을 막는 가장 주된 장애물이다. 모든 상호 관계는 양측의 욕구를 충족시킨다. 설령 그 욕구를 양쪽 누구도 의식하지 못하더라도. 의식의 수준에서는 엄마도 딸이 일정 시간 혼자 놀 수 있기를 바랐을지 모른다. 그러나 무의식의 수준으로 가면 엄마에게는 좀 더 중요한 욕구가 있다. '딸이 보여야만 한다'는 욕구. 그리고 아이는 엄마의 이 욕구를 혼자 놀기 싫어하는 것으로 만족시켜 주는 것이다.

아이가 맨 처음 엄마에게서 떨어져 기어가거나 걸어가려고 할 때 엄마는 자연스럽게 불안을 느낀다. 엄마가 이 불안을 견뎌 낸다면 그것을 통해 엄마는 세상을 탐험할 수 있는 기회를 아이에게 베푸는 것이다. 만일 엄마가 이 불안을 견디지 못하면 그때부터는 아이가 엄마를

> 아이는 주위 어른들이 준비가 되어야만 혼자 노는 법을 배운다.

돕기 시작한다. 마치 이렇게 말하듯이. "엄마, 엄마가 불안해하면 나도 힘들어요. 그러니까 내가 엄마 곁을 떠나지 않을게요."

게다가 이 가족에게는 자기 딸이 혼자서 해내지 못할 거라는 할머니의 불안도 있었다. 할머니의 욕구 또한 같은 것이다. "아이가 내 눈에 보여야만 해. 무슨 일이 생길지 모르니까." 그리고 아이 엄마는 자기 일을 스스로 해결하지 못함으로써 할머니의 이 욕구를 만족시키는 것이다. 다시 말해 엄마 역시 자신의 가정을 '혼자 놀지' 못하는 것이다.

아이는 주위 어른들이 준비가 되어야만 혼자 노는 법을 배운다. 그러므로 이 가족을 위한 첫 번째 조언은 이것이었다. 할머니의 도움을 잠시 거절하라. 물론 도움은 좋은 것이다. 그러나 도움이라는 이름으로 위장하고 상대의 의존성을 키우는 것은 진정한 도움이 아니다.

"당신 없이도 할 수 있어요. 하지만 당신과 함께 하면 더 쉬울 것 같아요." – 이것이 도움이다. "당신 없이는 할 수가 없어요." – 이것은 의존이다.

점심, 저녁을 준비해야 하는 필요를 통해 엄마의 독립성 – "나는 저녁을 준비하는 것도, 딸을 키우는 것도 혼자서 해낼 수 있어."와 딸의 독립성 – "이 시간 동안 나는 혼자 놀 수 있어."가 함께 자랄 것이다.

이때 찾아올 불안을 쉽게 견뎌 내려면 집 안이 안전한지 다시 한 번 꼼꼼히 살펴봐야 한다. 아이의 손이 닿지 않는 곳으로 위험한 물건들을 모두 치웠는가? 창문은 모두 잘 닫혀 있는가? 의자들은 튼튼한가? 아이가 할 수 있는 놀이는 무엇인가? 이 시간 동안 아이가 재미있어 할 만한 것은 무엇인가? 등등. 이 과정이 끝나면 이제 유명한 3원칙을 작동시켜라. 순차성과 자기통제 연습, 그리고 아이 자신의 동기부여 말이다.

- ✓ **순차성.** 처음엔 몇 분간만 혼자 노는 것으로 시작해서 점차 시간을 늘려간다.
- ✓ **자기통제 연습.** 엄마가 다른 일로 바쁠 때, 아이에게 스스로 시간을 통제할 수 있는 기회를 줘라. 모래시계를 줄 수도 있다. "모래가 다 내려갈 때까지만 혼자 놀고 있어. 모래가 다 내려가면 엄마를 불러." 노래로도 시간을 잴 수 있다. "이 노래가 끝나면 올게."
- ✓ **아이 자신의 동기부여.** 아들이나 딸이 일정 시간 혼자 논 것이 얼마나 의미 있고 대단한 일인지 이야기해 주어라. 아이를 칭찬하고, 아이가 들을 수 있도록 다른 사람들에게도 이야기하라. "내가 밥을 하는 동안 혼자 블록을 가지고 이렇게 높은 탑을 세웠더라고!"

혼자 먹기

"아이가 스스로 밥 먹기를 싫어하고 숟가락을 쥐려고 하지 않으면 어떻게 해야 하나요? 우리 딸은 이미 네 살인데 지금도 먹여 줘야 해요."

여기서 '- 해야 해요'가 무슨 뜻인가? 떼쓰는 걸 받아주고 밥을 먹여 주기로 결정한 건 엄마가 아닌가. 엄마가 먹여 주지 않으면 무슨 일이 벌어질까? 아이가 가득 찬 접시 앞에 앉아서 음식에 손도 대지 않을 것인가? 하지만 그렇게 하면 아이는 계속 배가 고플 것이다.

아침 식사 시간이라고 가정하자. "먹기 싫으면 안 먹어도 돼. 자리에서 일어나. 식사 시간 끝났어." 그리고 점심시간이 되었다. "숟가락 안 잡을 거야? 그래, 원하는 대로 해." 이제 저녁 시간이 되면 배가 고파진 아이는 능숙한 숟가락질로 혼자서 먹기 시작할 것이다. 물론 과자나 쿠키, 사탕과 같은 간식이 전혀 없었다면 말이다.

부모가 마음속 불안을 잠재우는 것이 가장 중요하다. 칼슨이 말했듯이 침착하라, 침착하라, 오로지 침착하라. 아이가 하루 굶는다고

큰일이 생기지는 않는다. 아이에게는 생존본능이 있고, 따라서 배고픔이라는 정상적인 감각이 결국은 아이의 고집을 이길 것이다. 다만 확신을 가지고 침착하게 대하는 부모, 물러설 생각이 전혀 없어 보이는 부모의 모습을 아이가 보아야만 이것이 작동한다.

엄마가 보기에 아이가 건강하고 즐겁고 활기차 보인다면 괜찮은 것이다. 공연히 패닉을 일으킬 필요가 없다.

식사 독립은 놀이를 통해서 점진적으로 이루어 갈 수도 있다(그렇다. 바로 그 순차성의 원칙이다!). 아이와 이렇게 이야기해 보라. "우리 한번 번갈아 먹어 보자. 한 숟가락은 엄마가 먹여 주고, 한 숟가락은 네가 먹고, 그 다음은 또 엄마가, 그 다음은 또 네가 먹는 거야."

혹은 이렇게. "좋아, 네가 먼저 다섯 숟가락 가득 혼자 먹으면 그 다음에 엄마가 먹여 줄게.(아이가 스스로 먹으면서 스스로 수를 세는 것 역시 자기통제 연습이다. 아이가 아직 수를 세지 못한다면 엄마가 세어주고 아이가 듣게 하라. 이 또한 유익하다.)"

"네가 한 숟갈씩 먹을 때마다 엄마가 큰 소리로 멋지게 숫자를 세어 줄게(무슨 이유에서인지 이 '큰 소리로 멋지게'라는 말은 아이들에게 항상 강력한 동기가 된다)."

내가 유치원에서 일할 때는 유치원에 온 지 얼마 안 된 아이들, 즉 새 환경에 적응 중이라 감정적으로 불안정한 아이들에게만 이와 비슷한 게임을 해 주었다. 이런 아이들을 대할 때는 더 많이 양보해 주어야 한다. 그러나 적응기가 끝나고 아이들이 새 환경에서도 잘 지내며 울지 않게 되면 교사들은 부드럽게 달래며 이 '먹여 줘' 유형의 떼쓰기를 더 이상 들어주지 않았다.

> 아이가 하루 굶는다고 큰일이 생기지는 않는다. 아이에게는 생존본능이 있고, 따라서 배고픔이라는 정상적인 감각이 결국은 아이의 고집을 이길 것이다.

"먹여 줘!" – 비탈리가 투정을 부렸다. 유치원에 온 첫째 주(적응기)에는 내가 먹여 주었지만 둘째 주부터는 아이가 혼자 먹을 수밖에 없는 상황을 의도적으로 만들었다. "비탈리, 잠시만. 모두에게 주스를 따라 줘야 하거든." 그 다음엔 "잠시만. 수면실에 다녀올게. 낮잠 시간 전에 수면실을 한 번 환기해야 하니까." 그러면 비탈리는 나를 기다렸다… 한동안…. 그러나 배고픔 앞에는 장사가 없는 법이므로 결국은 숟가락을 들고 먹기 시작했다('아이 자신의 동기부여').

혼자 잠자리에 들기

– 혼자 잠든다고요?! 그럴 리가요!

나는 아동교육센터에서 부모를 위한 세미나를 연다. 이 세미나에서 내가 어른이 특별한 행동을 해주지 않아도 아이는 혼자 잠들 수 있다고 이야기해 주면 그 자리에 모인 부모들은 믿지 못하겠다는 반응을 보인다.

– 우리 아이들은, 재우려고 하면 우리를, 그러니까 부모를 머리끝까지 화나게 하려고 무슨 짓이든 해요. 우리가 화를 낼 수밖에 없는 상황을 만들죠. 그래서 우리가 화를 내면 기다렸다는 듯이 엉엉 울어대고는 순식간에 잠들어 버려요. – 밝은 색 곱슬머리를 한 엄마가 절망 섞인 목소리로 자기 집의 상황을 묘사했다.

― 맞아요, 일단 아이가 울고불고하면 그다음엔 순식간에 잠이 들어요. 일부러 아이를 울리고 싶은 걸 얼마나 참는지 몰라요. 이건 너무 큰 유혹이에요. 10분만 울면 곧바로 잠드니까요. ― 짙은 머리칼을 땋아 내린 엄마가 말을 받았다.

― 낮이든 밤이든 아이를 재우는 게 너무 힘들어요. 재우려고만 하면 흥분해서 침대에서 방방 뛰고 눈도 초롱초롱해져요. 어제도 또 못 참고 딸에게 소리를 질렀어요. 아이는 울다가 곧바로 잠들었고요. 왜 처음엔 그렇게 소리소리 지르며 울다가 아무 일 없었다는 듯 잠드는 걸까요? ― 컬러풀한 두건을 쓴 엄마가 질문했다.

사실 이것은 그리 놀라운 일이 아니다. 울음, 즉 강한 감정을 표출하는 과정에서 많은 에너지가 방출되기 때문에 신체적인 피로가 밀려오는 것이다. 울고 난 후에 기운이 빠진 사람은 금방 잠이 든다. 당신도

아마 극심한 스트레스나 실망을 겪은 후에 '푹 자고 싶다'는 바람이 생기는 걸 느낀 적이 있을 것이다.

그러나 여기에는 위험이 도사리고 있다. 아이가 몇 번 연속으로 이처럼 강한 감정을 겪으며 잠이 들면 바람직하지 못한 행동 모델이 만들어질 수 있다. 다시 말해 아이가 울거나 다퉈야만 잘 수 있게 된다는 것이다.

– 혼자서 자러 갈 리가 없지요! – 한 아빠가 대화에 참여했다. – 우리는 매일 저녁 아이를 재우기 위해 거의 전쟁을 치러요. 잠들 때까지 옆에 있어 줘야 해요. 우리 아들은 세 살쯤 됐는데 자지 않으려고 자기가 할 수 있는 모든 짓을 다 해요. 물 마시러 몇 번 갔다 오고 또 유아변기에 몇 번을 왔다 갔다 하고, 잠자리 장난감도 몇 번씩 바꿔요. 어제는 내가 아이를 데리고 누웠더니 나한테 마구 화를 내면서 아빠 말고 엄마가 재워 달라는 거예요. 그러고는 엄마랑 한 5분이나 누워 있었나, 또다시 히스테리를 부리면서 아빠가 다시 오라는 거예요. 아이가 지쳐서 잠들 때까지 나와 아내는 계속 그렇게 교대했어요. 더는 참을 수가 없어요. 우리 모두 진이 빠져요! 한번은 아내와 내가 이제는 아이 혼자 잠자리에 들 때라고 결심하고 혼자 자게 한 적이 있었어요. 그랬더니 아들이 누워 있기는커녕 방방마다 돌아다니더라고요. 그래서 자기 방에서 못 나오게 했더니 이번엔 바닥에 누워 놀기 시작했어요. 결국 벌을 줘야만 했고, 아이는 소리지르며 울다가 지쳐서 잠들었어요. 벌을 줘서 엉엉 울게 만들지 않으면 아이는 그 상태로 자정까지도 돌아다닐 거예요. 결국 아내와 난 다시 번갈아 가며 옆에 있어 주고 있어요.

― 지금 이야기해 주신 건 수면독립에 관한 이야기가 아니에요. 수면독립은 아이가 스스로 원해서 스스로 누워 스스로 잠드는 거예요. 하지만 지금 '혼자 잠자리에 들어야 할 때'라고 이야기할 때 그 말에는 아이의 수면독립을 위한 여지가 없었어요.

무엇보다도 부모는 아이가 피곤하면 스스로 잠들 수 있다고 굳게 믿어야 한다.

부모님은 아이 옆에 앉아 있는 걸 어느 날 갑자기 그냥 멈추었고, 언제 자러 가야 하는지 아이가 스스로 깨달을 기회도 없었어요. 아이의 행동은 전과 마찬가지로 부모님이 좌우했고, 아이를 침대에 있게 하는 것도 강요와 벌이었지요. 지금 이 이야기를 하면서 아빠는 몇 차례 '지쳐서 잠든다'라는 생각을 표현했어요. 남은 것은 오직 하나, 그 생각을 간단한 공식으로 바꾸는 거예요. '아이는 피곤하면 스스로 잠이 든다.'

― 아이가 피곤하면 잠이 든다는 것에는 의심할 여지가 없어요. 다만 아이는 11시가 다 되어야 피곤해하는데, 그러면 아침 등원 시간에 맞춰 아이를 깨울 수가 없어요….

― 몇 시에 아이를 재우나요?

― 우리는 8시쯤 재울 준비를 시작해요. 아, 이건 완전히 의례예요. 만화를 보여 주고 목욕을 시키고 나면 아내나 내가 동화를 하나 읽어 줘요. 가끔은 두 편을 읽어 주기도 하고요. 그리고 나서 9시쯤 불을 끄는데 그때부터 공연이 시작돼요…. 아이는 11시 어쩔 땐 11시 반까지도 거뜬히 깨어 있어요. 이리저리 돌아다니고, 쉬하고, 응가하고, 함께 잘 장난감을 바꾸고… 그러다가 무섭다며 옆에 있어 달라고 하고, 암튼 할 수 있는 건 다 해요.

— 그러면 대체 왜 그렇게 일찍 아이를 재우려고 하세요?

— 재우는 데 너무 오래 걸리니까요. 11시까지 말똥말똥하게 돌아다녀요. 더 늦게 재우면 아마 더 늦게까지 깨어 있겠지요.

— 그러니까 아이를 그냥 두면 11시까지 돌아다니다 피곤해져서 잠들 거라는 말씀이지요. 아이를 8시에 재우려고 해도 어쨌거나 11시까지는 안 잘 거고요. 게다가 이 경우에는 덤으로 엄마, 아빠 신경까지 곤두서는 거고요.

— 그렇게 되네요.

— 아이는 지금 잠에 대해 강한 반감을 가지고 있어요. 부모님은 재우려고 하는데 아이는 자고 싶지 않아요, 그래서 저항해요. 그러다가 자고 싶어지는데 그래도 무조건 저항하는 거예요. 아이에게는 잠이 부정적인 연상만 일으키기 때문이에요. 아이는 잠을 벌로 받아들이고 있어요. 이렇게 하면 어떨까요. 휴일 전날에, 이제는 더 이상 재워 주지 않을 거라고 아이에게 설명하세요. 씻기고 책도 읽어 주고 아이가 잠을 잘 준비만 시키는 거예요. 그 다음엔 언제 잘지 아이가 스스로 정하게 하세요. 하지만 자기 방에서만 놀아야 하고, 조용하게 놀아야 한다는 조건은 분명히 해 두세요. 그리고 아이의 행동을 지켜보세요. 아마도 첫 며칠은 아이가 매우 늦게 잘 거예요. 그리고 어쩌면 놀다 놀다 침대가 아닌 바닥에서 잠이 들어 버릴 수도 있어요. 잠에 대한 반감이 얼마나 강한지에 따라서요. 하지만 아이는 아무도 자라고 강요하지 않는 것에 점점 익숙해지면서 잠에 대한 인식을 바꿀 거예요. 잠이 벌이 아니라 에너지를 다시 채우는 기회가 되는 거지요. 만일 부모로서의 불안 때문에 이게 너무 과감한 실험으로 여겨지면 기존의

잠자리 의식을 계속하세요. 다만 시작 시각을 조금 뒤로 늦추세요. 아이와 씨름하는 시간이 3시간이 아니라 30분으로 줄어들게 말이에요.

"우리 딸에게 자지 않아도 된다고 하면 날 놓아주지 않을 거예요! 졸졸 따라다니면서 놀아 달라고 할 게 분명해요." 한 엄마가 큰소리로 말했다. 나는 즉시 그 엄마에게, 딸이 혼자 놀 줄 모른다고 하소연했던 앞의 이야기를 일깨워 주었다.

수면독립은 이것 하나만 문제가 되는 경우가 거의 없다. 다시 말해 수면독립을 하지 못하는 아이가 다른 부분에서 독립성을 보이는 경우는 없다. 반대의 경우도 마찬가지이다. 친애하는 부모들이여, 모든 것은 서로 연관되어 있다. 혼자 자는 것도 기저귀를 떼는 것도 혼자 노는 것도. 그리고 부모가 아이의 독립성을 키워 주고 받아들일 준비가 얼마나 되어 있는지까지도 당연히. 무엇보다도 우선 부모는 아이가 피곤하면 혼자서 잠이 들 수 있다고 굳게 믿어야 한다. 반대로 엄마가 아이는 절대로 스스로 자지 않을 거라고 생각하면 아이는 엄마의 이 생각을 견고히 뒷받침하기 위해 모든 걸 할 것이다.

일반적으로 부모는 아이가 스스로 침대에 가지 않을 거라는 확신을 자신의 어린 시절에서 꺼내 온다. 아마도 침대 밖으로 못 나오게 하면서 눈 감고 있게 하던 부모님의 모습이 기억에 남아 있을 것이다. 어쩌면 억지로 자야 하는 벌을 받았을지도 모른다. "유치원에서 나쁜 짓을 했구나, 또 싸우다니. 집에 가면 누워만 있어!" 혹은 "당장 조용히 하지 않으면 침대에서 못 나올 줄 알아!" 어떤 부모는 보상으로 꾀었을 수도 있다. "얼른 자면 아침에 사탕 줄게." 부모의 이러한 전략은 잠을 강제적인 것으로 만들어 자연스러운 욕구로 인식하지 못하게 한다. 아이는 자신이 할 수 있는 한 모든 수단을 동원해 이 강제에 저항한다. 그리하여 부모와 아이 모두를 지치게 하는 그런 투쟁이 벌어지는 것이다. "졸린 게 분명한데, 피곤해서 다리가 후들거리는데도 누우려고 하지를 않아요."

아이에게 잠을 강요하지 말아 보라. 강요하는 건 효과가 없기 때문에라도. 당신이 어떤 이유 때문에 잠을 잘 못 잔다고 상상해 보라. 신경 과민, 직장 스트레스, 떨쳐낼 수 없는 생각들… 이럴 때 남편 혹은 아내의 공격적인 질책이 당신에게 쏟아진다면? "대체 왜 그렇게 못 자는 거야?!" – 이것이 당신이 잠드는 데 도움을 주는가? 아마 아닐 것이다…. 오히려 당신의 상황을 이해하려는 노력조차 하지 않는 상대에게 분노와 울화가 치밀 것이다. 아, "스르르 잠들어라!" 같은 마법 단어만으로 곧바로 깊은 잠에 빠져들 수 있다면 얼마나 좋을까….

나는 모든 아이가 이렇다고 말하는 것은 아니다. 아주 어린 아기들이나 신경학적으로 특수한 아이들은 예외이다. 그러나 세 돌이 지나면 많은 아이들이 수면독립을 할 수 있다.

이를 위해 꼭 필요한 조건은,

- √ 잠을 자연스러운 휴식으로 받아들이게 해야 한다. 잠이 벌이나 강요 대상이 되어서는 안 된다.
- √ 아이가 제한된 구역 내에서 조용하게 놀도록 하라.("자지 않아도 돼. 하지만 소리 지르거나 방에서 나오는 건 안 돼.")
- √ 부모가 "벌써 9시인데 여태 안 자고 있어?!"와 같은 불안감을 가져

서는 안 된다.
- ✓ 잘 준비를 하는 과정에서 몇몇 단계는 생략해도 좋다. 아이가 잠옷 입는 걸 잊거나, 놀이 후에 장난감 정리를 잊었거나, 자기 방에 불 끄는 걸 잊었거나 해도 괜찮다.

아이가 무얼 하든 내버려 두고 그간 지켜오던 일과를 포기하라는 뜻이 아니다. 왜 자야 하는지를 아이에게 다시 한 번 이야기해 줄 수도 있고, 부모가 직접 행동으로 보여 줄 수도 있다. 아이가 잠들 수 있는 상황을 만들어 줄 수도 있다. 그러면 아이는 잠들 것이다.

집안 내력

어느 날 나는 아들과 공부를 했다. 알파벳 쓰는 연습이었다.
- 그만할까? - 아들이 말했다.
- 세 글자 남았는데. - 내가 반대한다.
- 내일 마저 할래. - 아이가 주장한다.
- 오늘 할 수 있는 일을 내일로 미뤄선 안 돼. 게다가 겨우 세 글자 남았잖니. - 나는 부모의 권위로 밀어붙였다.

이런 상투적인 대화를 내 아이가 장전해 두었다가 나를 향해 발사할 거라고는 상상도 못했다.

며칠 후에 아들은 공룡을 만들기로 했다.
- 잘 시간이야. 클레이 치워야지.

— 아직 세 마리 더 만들어야 해.

— 벌써 10시 반이야. 나머지는 내일 만들어.

— 엄마, 오늘 할 수 있는 일을 내일로 미루면 안 돼. 겨우 세 마리 남았잖아! – 아들의 주장에 나는 완전히 할 말을 잃었다.

그래서 나는 자러 갔다. 성공적인 창작을 빌어 주고, 잘 자라는 인사와 함께.

나는 한 시간 정도 지나 방에서 나왔다. 그렇다, 아이가 자지 않으면 엄마도 잠이 오지 않고 뭔가 불편하다. 아들은 자기 방에서 자고 있었다. 양말을 신은 채로 이불도 덮지 않고. 대신 클레이는 상자에 치워져 있었다.

아침에 아들에게 물어봤다.

— 새 공룡들은 어디 있니?

― 너무 졸려서 하나밖에 못 만들었어. ― 알렉산드르가 대답했다.

그러니까 아들은 조금만 더 있다가 자러 간 것이다. 공룡 한 마리 더 만들 시간만큼만. 내가 만일 자라고 다그치거나 억지로 클레이를 빼앗고 침대로 보내려고 했다면 우리의 싸움에 들어간 시간은 훨씬 더 많았을 것이다. 게다가 양쪽의 감정 소모는 또 얼마큼이었을까.

수면은 자연적인 욕구이다. 피곤한 아이는 스스로 잠이 든다. 나는 내 아이들을 재우지 않는다. 나는 그저 잘 시간이라고 알려 주기만 한다. 엄마는 피곤하다고, 그래서 자러 가고 싶다고 이야기한다. 그러면서 나는 제안한다. "엄마가 책을 읽어 주길 바라면 지금 바로 침대에 누워야 해. 안 그러면 늦어져서 엄마는 잠들 거야. 엄마는 자면서 책을 읽지는 못해." 아이를 억지로 재우려고 하지 않는 건 내가 혼자 생각해 낸 게 아니다. 나 자신이 그런 환경에서 자랐다. 어렸을 때 나는

> 잠은 유기체적 욕구이므로, 수면 문제는 아이의 올바른 행동이나 의지만으로는 해결되지 않는다.

다른 집에서는 아이들을 억지로 침대에 눕힌다는 걸 알고 놀랐다.

한번은 엄마에게 물어봤다.

― 엄마, 엄마는 나를 억지로 침대에 눕힌 적이 없는 것 같아요. 우리 집에서는 수면 문제를 어떻게 해결했어요?

엄마가 대답했다.

― 어떻게라니. 그런 문제가 있었나? 네가 그냥 졸립다고 말하고 침대로 갔지. 난 이불을 덮어 주고 뽀뽀해 주고 잘 자라고 인사하고 불을 껐어. 너와 네 동생이 더 어렸을 땐 자기 전에 책을 좀 오래 읽어 줬지. 너희는 이야기 듣는 걸 좋아해서 신나게 침대로 가 누웠어.

결과적으로 나는 그저 우리 부모님에게서 받은 육아 모델을 반복하는 것뿐이다. 그렇다면 우리 엄마는 어디에서 그런 모델을 갖게 되었을까?

― 엄마, 엄마 어렸을 때는 할머니가 어떻게 재워 줬어요?

― 네 할머니는 선생님이셨어. 밤 늦게까지 숙제 검사를 하셨지. 아이들을 침대에 붙잡아 둘 시간이나 힘이 있었을까? 우린 그냥 피곤해지면 잤어.

집안에서 전해지는 육아 방식… 내 증조할머니가 뭔가 다른 방법으로 아이들을 재우셨을 것 같지는 않다. 증조 할아버지와 할머니도 할 일이 많았을 것이고, 한 명당 한 시간씩 쓰며 재우기에는 아이도 너무 많았다.

엄마만의 시간

첫 아이를 임신했을 때 산부인과에서 진료를 기다리면서 엄마 둘이 대화하는 것을 들은 적이 있다. 두 엄마 모두 둘째를 임신하고 있었고 육아의 다양한 어려움에 대해 이야기했다. 한 엄마가 이렇게 요약했다.

– 아이가 잠들면 그제서야 나의 삶이 시작돼요.

– 맞아요, – 두 번째 엄마가 동의하며 덧붙였다. – 나중에 두 아이를 어떻게 재우죠? 나 자신을 위한 시간은 전혀 없을 거예요….

이 엄마들은 아이가 잘 때에만 엄마의 인생이 가능하고 그 외 모든 시간은 아이의 삶을 사는 거라고 굳게 믿는 게 분명했다. 하지만 오직 아이가 잘 때에만 엄마가 자신만의 시간을 가질 수 있다면, 엄마에게는 아이가 제때 잠드는 것이 대단히 중요해진다. 엄마는 자신의 삶을 시작하고 싶어 신경질적으로 시계를 본다. 그러나 아이는 전혀 잘 생각이 없다. 아이가 잠들기를 바라는 엄마의 바람이 강렬할수록 아이는 더 능동적으로 잠과 싸운다. 마치 엄마의 불안감을 느끼기라도 하듯. 그리고 엄마는 일부러 자지 않으려고 하는 것처럼 보이는 '못된' 아이에게 화가 치밀기 시작한다.

때로는 진을 빼는 저항이 시작되기도 한다. 엄마의 완고함과 아이의 신체가 벌이는 싸움이다. 그렇다, 아이의 신체 말이다. 잠은 유기체적 욕구이므로 수면 문제는 아이의 올바른 행동이나 의지만으로는 해결되지 않는다.

그렇다면 '자신을 위한 시간'과 '아이를 위한 시간'으로 삶을 나누지 않으면 어떨까? 엄마의 삶이 아이와 함께 있게 해보라. 이러한 삶 속

에서는 엄마도 아이도 편안하다.

나의 개인 시간은 오후 9시에 시작된다. 아이들은 잘 수도 있고 안 잘 수도 있다. 그러나 이것이 나의 저녁 계획에 영향을 주지는 않는다. 작은아들이 내가 책 읽어 주길 바라면 나는 읽어 준다, 9시까지만. 9시가 되면 책 읽어 주기는 끝난다. 만일 큰아들에게 과제 도움이 필요하다면 나는 9시까지 도와줄 준비가 되어 있다. 아들들은 자기 싫으면 놀아도 된다. 그러나 자는 가족을 방해하지 않도록 자기 방에서 보조등만 켜 놓고 조용히 놀아야 한다. 어두운 방에서 혼자 조용히 노는 것은 지루하다. 아이는 금방 잠이 든다. 나에게는 아이를 재우는 문제가 없다. 그리고 나에게는 나 자신의 삶이 있다. 엄마만의 시간 말이다. 심지어 아이들이 자지 않을 때에도.

자지 않는 아이

— 아이가 자려고 하지 않을 땐 어떻게 해야 하죠? 어떻게 해도 잠들지를 않아요!

자고 싶지 않거나 혹은 잠이 오지 않을 때 어른들은 무엇을 하는가? 두 가지 방법이 있을 것이다. 자연스럽게 피곤해질 때까지 뭔가 활동적인 것을 계속 하며 깨어 있거나 아니면 잠이 오는 분위기를 만드는 것이다. 그러나 그 전에 왜 잠이 오지 않는지를 먼저 생각한다. '잠이 왜 안 오지? 뭐가 문제지? 공기가 답답한가? 시끄러운가? 이불이 너무 뻣뻣한가? 더운가? 생각이 너무 많은가?'

아이의 경우에도 똑같은 질문을 해 볼 필요가 있다. 그리고 그 원인을 제거하는 것이다.

1. **낮에 깨어 있던 시간이 너무 짧은 경우** – 예를 들어 아이가 낮잠을 오래 잤다면 밤잠 시간을 조금 늦추는 게 합리적이다. 정해진 일과 시간을 지키는 것도 물론 필요하지만 강박적으로 지키려고 하지 마라. 아이는 잠 잘 생각이 없고 엄마도 그 이유를 분명히 아는데 아이를 계속 침대에 붙잡아 두는 건 소용없는 일이다. 아이가 한 시간 늦게 자는 것이 범죄는 아니다. 아이가 즐겁게 잠드는 것이 더 중요하다.

2. **격렬한 활동에서 곧바로 잠자리로 넘어가기가 어려운 경우** – 아이가 방에서 호핑볼을 타며 뛰놀고 있는데 호핑볼을 뺏고 침대에 눕힌다면 아이는 침대에서도 뛰놀려고 할 것이다. 이것은 마치 중요한 회의에 앉아 있는 어른을 확 빼내어 "얼른 자!" 하고 말하는 것과도 같다. 이러면 잠이 오겠는가. 당신의 제안에 반대하던 사람들의 주장이 머릿속을 휘젓고 다니고, 끊긴 회의의 결론도 애써 추측해 보려고 할 것이다. 심리학자들이 하는 말로 '게슈탈트* 가 온전치 않은 것'이다. 자야 할 시간이라는 건 어른들에게는 이해가 되지만 아이들에게는 이해가 되지 않는다. 아이들에게 "자야 할 시간이야!"라는 말은 조금도 예상치

---

* 게슈탈트 심리학 – 전체는 부분의 합 이상이며 인간은 어떤 대상을 개별적 부분의 조합이 아닌 전체(게슈탈트)로 인식하는 존재라고 주장하는 심리학파 (편집 주)

못한 갑작스러움으로 다가온다. 그리고 이 갑작스러움은 하던 행동을 마저 끝내지 못했다는 스트레스로 이어진다. 놀이를 마칠 시간을 아이에게 주어라. 곧 자야 한다고 미리 알려 주어라. "붕붕이들은 차고로 들어갔어요.", "인형들은 자러 갔어요." 같은 주제로 아이와 함께 놀며 놀이를 끝내는 법을 가르쳐라. 활동적인 놀이에서 조용한 놀이로 미리 아이를 옮겨 놓아라. 조용한 놀이에서 잠으로 옮겨 가는 게 더 쉽기 때문이다. 수면 의식 – 잠으로 이어지는 일련의 의식적인 행동들 – 을 만드는 것도 도움이 된다.

3. **잠을 방해하는 외부 요인이 있는 경우** – 빛이나 소음 등. 방해 요인들을 없애거나 줄이려고 노력한다.

4. **내면의 방해 요인들** – 꼬리를 무는 생각, 두려움, 의구심 등. 이를 주제로 아이와 대화를 나누어라. 어떤 식으로든 물어보고 주의 깊게 들어라. 자기를 괴롭히는 게 무엇인지 아이가 직접 이야기할 것이다.

5. **물리적인 불편함** – 어색한 높이의 새 베개, 따끔거리는 잠옷, 덥거나 답답한 공기 등. 가장 간단히 해결할 수 있는 문제이다. 편안한 환경을 만들어라. 피곤한 아이는 두꺼운 코트를 입고 문턱에 앉은 채로도, 레고 조각이 굴러다니는 양탄자 위에서도 웅크리고 잘 수 있다. 심지어는 수프 접시 앞에서 숟가락을 손에 쥔 채 잠이 들기도 한다…. 아이가 자려고 하지 않는다면 신체 활동이 부족했던 것은 아닌가?

6. **스트레스 상황과 낯선 환경** – 새로운 장소에서 자야 하거나 아이

에게는 낯선 사람들이 집에 있는 경우, 익숙한 수면 의식이 이루어지지 않은 경우 등. 아이가 익숙하지 않은 상황을 받아들이고 적응할 수 있는 시간을 주어라. 먼저 새로운 장소에 익숙

해지고, 이전에는 알지 못했던 사람들과 교제하고, 관심을 끄는 것을 탐험하고, 안전하다는 확신이 들게 하라. 그런 후에 일부만 이라도 수면의식을 지키려고 노력하라.

7. **긴장과 지나친 흥분** – 아이를 씻겨라. 부드럽게 마사지를 해 주어라. 동시에 조용히 이야기를 할 수도 있다. 차분하고 침착하고 단조로운 목소리로 이야기하는 것은 아이를 안정시키는 효과가 있다. 동화책을 읽어 주어라. 어느 나라건 전래 동화 중에는 반드시 '재우는' 작품이 있기 마련이다(이에 대해서는 조금 아래에서 다시 다룬다).

8. **잠에 대한 부정적인 인식이 형성되어 있어 거부 행동을 하는 경우** – 침대에서 빠져나오기 위해서라면 아이는 핑계를 천 개 하고도 하나 더 생각해 낼 수 있다. 자러 가라는 부모의 말에 의도적으로 반항할 수도 있고 교묘하게 부모를 조종할 수도 있다. 이런 행동에 대해 부모들이 하는 농담도 있다. "'자자'라는 말을 듣는 순간 갈증과 배고픔, 변비가 한꺼번에 아이를 덮친다." 이런 경우라면 우선 침대가 아이에게 긍정적인 감정만을 불러일으키도록 바꾸어라. 아이와 함께 침대를 꾸미는 것도 좋고 침구를 고르는 것도 좋다. 침구는 잠을 연상시키는 그림이 그려진 것을 추천한다.(우리 집에는 잠옷을 입은 아기곰들과 별이 빛나는 하늘을 배경으로 한 올빼미 그림이 그려진 아동용 침구가 있다. 모두 어둡고 차분한 색이다.) 그리고 함께 자자고 아이를 부르는 듯한 '졸리운' 장난감을 침대에 두어라.

낮 시간 동안 충분히 활동을 하고, 밤에는 조용한 놀이를 하고, 수면 의식이 잘 지켜지고, 자는 공간에 대해 긍정적인 인식을 가지면 아이는 쉽게 잠이 든다. 강제로 재우지 마라. 잠이 들기 쉬운 환경을 조성하라.

> "우리 아들은 세 살인데 재우는 데만 1시간 반이 걸릴 때도 있어요. 한번은 재우지 않고 그냥 둬 봤더니 새벽 2시까지 안 자더라고요. 그래서 낮에 안 재우려고도 해 봤는데, 그랬더니 4시에 쓰러져서는 7시에 일어나는 거예요. 완전히 '신나는 밤 만세!'였지요…. 혼자서 잠 드는 건 꿈도 꾸지 않아요. 재워줄 때 잠들기만 해도 소원이 없겠어요…."

신경흥분도가 높아 쉽게 잠들지 못하는 경우도 있다. 유치원 교사로 일할 때 이러한 아이들을 몇 번 만난 적이 있다. 모든 반에는 얌전히 누워 잠드는 아이들과 특별한 방식이 필요한 아이들이 늘 함께 있다. 어떤 아이들은 가만히 누워 있지를 못한다. 이불을 계속 잡아당기고, 긁고, 코를 파고, 머리카락을 손가락에 감아 대고 눈썹을 잡아당긴다. 그런 아이가 있으면 나는 의자를 가져가 침대 옆에 앉았다. 한 손은 아이의 넓적다리에 올려 부드럽게 다리를 잡고, 다른 손은 어깨 위에 놓는다. 그런 다음 아주 약하게 흔들어주는 것 같은 동작을 한다. 이것은 신체중심심리치료 중 하나인데, 긴장된 근육의 활성상태를 빠르게 풀어 주어 신경계를 이완시키는 효과가 있다.

이외에도 나는 아이와 호흡을 맞추는 방법을 쓰기도 했다. 자고 있는 사람은 깊고 균일하게 호흡하지만 흥분 상태에 있는 아이는 얕고 가쁜 숨을 쉰다. 아이를 잠들게 하려면 그 호흡을 바꿔 주어야 한다. 아이의 몸에 내 손을 얹고 아이의 호흡을 함께

> 부모가 유연하게 대처하는 것이 좋다…. 어떤 날은 아이가 조금 늦게 잠 드는 걸 허락해 줘도 괜찮고, 어떤 날은 자기 전에 이완 마사지를 해 줘도 괜찮다.

한다. 잠시 동안 아이가 숨쉬는 대로 나도 똑같이 숨을 쉬면서 나와 아이의 호흡을 맞춘다. 그러다가 내가 조금씩 느리고 깊게 호흡하기 시작한다. 이완 상태에 있는 사람이 그렇게 숨을 쉬기 때문이다. 그러면 아이의 호흡도 나와 함께 조금씩 깊어진다.

이 방법은 두 아이에게 동시에 쓸 수가 있다. 손이 두 개니까. 다시 말해 두 침대 사이에 내 의자를 두고 오른손은 한 아이의 어깨에 왼손은 다른 아이의 어깨에 올린다. 그런 다음 내 호흡 리듬에 맞추어 앞뒤로 몸을 움직인다. 그러면 내 몸의 진동이 아이들에게 전해진다. 오래지 않아 근육이 이완되고 호흡이 느려지면서 아이들은 잠이 든다. 여기까지 보통 3분에서 5분, 길어도 10분이 채 걸리지 않는다.

또 다른 방법도 있다. 나는 이 방법으로 순식간에 아이들 절반을 재우곤 했다. 바로 책을 읽어 주는 것이다. 그러나 표현을 살려 가며 배우처럼 읽어서는 안 된다. 오히려 단조로운 톤으로 리듬감 있게 그리고 속도를 점점 늦추며 읽는다. 숨을 크게 내쉬며 문장을 길게 늘여 가며 읽은 뒤에 부드럽게 숨을 들이마시며 잠시 멈춘다. 이렇게 하면 이야기를 듣는 아이들의 호흡이 느려진다.

여기에 더해 나는 긴장 완화와 휴식, 잠 등에 대한 표현을 삽입하면서 뻔뻔스럽게 원저자의 텍스트를 망가뜨리기도 했다. "그때 곰은 생각했어요(들이쉬고, 그 다음에 부드럽게 내쉬면서 다음 문장을 말한다.). '둥치에 앉아서 (심호흡), 파이를 먹고 (심호흡), 풀숲에 누워서 (심호흡), 눈 좀 붙여야지(심호흡).' 그때 마샤가 바구니에서 나와 (심호흡), '좀 자 (심호흡), 파이는 못 먹겠지만…'"

사무일 마르샤크의 작품 중에 아이들을 재우는 데 탁월한 시가 있다.

'어리석은 아기쥐 이야기'이다. 이 시는 운율도 적당하고 잠에 관한 표현이 자주 반복된다. 중요한 것은 말 울음소리, 돼지가 꿀꿀거리는 소리 따위를 흉내 내어 읽지 않는 것이다. 몽롱한 목소리로 중간중간 쉬어 가며 몸을 천천히 흔들며 읽어야 한다. 이 시를 외우고 있다면 눈을 감고 읽는 것도 좋다. 단, 아이보다 먼저 잠들지 않도록 조심해야 한다.

위 방법들은 효과가 매우 좋지만 이걸 사용하기 전에 우선 부모가 먼저 긴장을 풀고 편안한 상태가 되어야 한다. 엄마들에게 가장 힘든 부분은, 아이가 잠든 후에 자신의 늘어지는 몸을 가까스로 일으키고 몽롱한 상태에서 벗어나 힘차게 어른의 일을 하는 것이다. 잠든 아이를 부러워하면서….

또 하나 중요한 것이 있다. 수면 문제는 기계적으로만 접근해서는 안 된다는 점이다. 평소에는 잠이 잘 드는 아이들도 도움이 필요할 때가 간혹 있다. 아이를 잘 관찰하는 부모들은 아이의 기분을 잘 파악하기 때문에 아이가 혼자 잠들 수 있는지 아니면 낮 시간의 긴장을 푸는 데 도움이 필요한지를 바로 안다. 이들은 아이 옆에 앉아서 등을 쓰다듬어 주고 머리카락을 쓰다듬어 주고 몸을 살살 흔들어 주기도 한다.

유연하게 대처하라. 어떤 날은 아이가 조금 늦게 잠드는 걸 허락해 줘도 괜찮고, 어떤 날은 자기 전에 이완 마사지를 해주는 것도 괜찮다. 어른들도 분명 몸은 피곤한데 잠이 오지 않았던 경험이 있다는 걸 기억하라. 끝도 없이 집요하게 이어지는 생각들은 신경이 긴장하고 있다는 신호이다. 이럴 때는 마사지가 매우 도움이 된다.

나는 가족캠프에서 이 마사지를 엄마들에게 가르쳐준 적이 있었다.

캠프에서는 보통 밤 10시가 되면 아이들은 자고 아빠들이 아이 곁을 지킨다. 엄마들은 심리학 프로그램에 모인다. 어느 날 엄마 하나가 세 살 난 딸을 데리고 왔다. "어떻게 해도 안 자요. 벌써 한 시간째 씨름하다 왔어요. 눈도 초롱초롱해요." 젊은 엄마는 캠프 프로그램을 하나도 놓치기가 싫어서 아이를 데려온 것이다. 뭐, 좋다. 이제 이완 마사지가 아이에게 어떤 영향을 주는지 볼 기회이다. 내 감독 하에 서로에게 마사지를 해줄 수 있도록 둘씩 짝을 짓는다. 옷 위에 그대로 손을 얹으면 된다. 복잡한 동작도 특수한 지식도 필요 없다. 그저 부드럽게 어깨와 넓적다리에 손을 대고 조금씩 흔드는 동작을 하는 것만으로 충분하다.

마사지를 시작하고 10분이 지나자 '눈도 초롱초롱'하던 아이는 깊이 잠이 들었다.

자기 침대에서 잠들기

밤잠을 자지 않는 아이는 늘 엄마들의 뜨거운 논쟁 거리다. 앞서 나는 내 아들 알렉산드르에 대해 이야기했는데(공룡을 만들었던 그 아들이다), 그 일화를 읽은 독자는 알렉산드르가 태어날 때부터 '모범적인 소년'이었다는 인상을 받았을지도 모르겠다. 그랬으면 얼마나 좋았을까…. 아들이 생후 6개월이었을 때 나는 공원 벤치에서 핸드백을 베고 겨우겨우 쪽잠을 잤다. 알렉산드르가 유모차에서 잠시 잘 때가 세상에서 가장 행복한 순간이었다.

엄마가 제대로 잘 수 없는 그 시기는 내게도 있었다. 이 시기가 언젠가는 끝날 거라는 걸 알고 상황을 받아들인 덕분에 견딜 수 있었다.

- 엄마, 아르세니는 대체 언제 잘까요? - 나는 절망에 빠져 엄마에게 물었다. 부모님 댁에 놀러 가 있을 때였는데, 5개월 된 아들 - 알렉산드르가 아니라 큰아들 아르세니 - 이 이날 밤 벌써 네 번이나 날 깨운 후였다.

- 조금만 크면 잘 거야. 그렇고말고. 나중엔 오히려 깨울 수가 없게 돼! 특히 중학생이 되면 1교시에 맞춰 깨우는 게 불가능해진다니까!

그리고 엄마는 엄마가 보낸 불면의 밤을 손주들이 복수해 주는 거라고 농담을 했다.

- 너는 6개월이 될 때까지 안아 줘야만 잤어! 침대에 눕히기만 하면 울어 댔지. 나는 바닥에 솜이불을 두 겹씩 깔았어. 혹시라도 내가 잠들어서 널 바닥에 떨어뜨릴까 봐 무서웠거든. - 엄마가 불평했다.

- 의사들은 뭐라고 하던가요? - 나는 도저히, 내가 엄마를 그냥 괴롭혔다고는 인정할 수 없었다.

- 의사들은 네가 낮과 밤을 혼동한다고 말하더구나. 낮에는 잤거든.

- 엄마도 낮에 잤어요?

- 그럴 리가! 나한테는 두 살 난 아이도 있었잖니! 네 오빠는 그때 아직 유치원에 다니지 않았거든.

내 엄마가 밤에 자지 않을 수 있었다면 나 또한 그럴 수 있을 거라고 생각했다. 그러나 나는 그럴 수가 없었다. 어느 날 밤 아이 울음소리에 다시 한 번 깨어 일어나다가 저혈압 쇼크가 와 정신을 잃었다. 응급실 의사는 중년 여성이었는데 나에게 말하길, "쓸데없이 고생

하지 말고 애를 옆에 두고 편히 자요. 안 그러면 힘이 남아나질 않아요." 나는 그 충고대로 했다. 그러고 나서야 마침내 온 가족이 푹 자게 되었다.

아이와 함께 자는 것에 찬성하는가 아니면 반대하는가? 반대하는 이들도 많다. 이들 중에는 소아과 의사, 교육학자 그리고 심리학자도 많다(물론 찬성하는 입장에도 소아과 의사, 교육학자, 심리학자들이 있다). 나는 찬성하는 입장이다. 엄마가 푹 잘 수 있기 때문이다. 큰아이를 키울 때 나는 '원칙적인' 엄마였다. 반 년 동안 아들을 아기침대에서 재웠는데, 침대에 뉘어 놓으면 아들은 자주 깨어 큰소리로 울곤 했다. 하룻밤 동안 대여섯 번씩 일어난 적도 많았다. 반면에 작은아들을 키울 때 나는 '게으른 엄마'가 되었으므로 아이를 내 옆에서 재웠다. 그러나 이것은 내 개인적인 경험일 뿐이다. 똑같이 할 필요는 없다. 젖먹이 아이가 자기 침대에서 밤새 편안히 자는 복 받은 엄마들도 있다. 아, 그래, 밤새는 아니어도 최소한 한 시간에 한 번씩 깨지는 않는 아기들도 있다.

만일 당신의 아이가 혼자서 잔다면 멋진 일이다. 이는 곧 당신이 훗날 '혼자 자는 법을 어떻게 가르칠 것인가?' 하는 문제를 해결하지 않아도 된다는 뜻이다. 그러나 이 문제가 당신에게 발생했다면 다음과 같은 충고가 도움이 될 것이다.

내 생각엔, 아이를 곧바로 다른 침대에 옮겨 재우는 것보다 엄마가 아이와 '붙어' 자지 않는 걸로 시작하는 게 가장 쉬운 방법이다. 물론 엄마는 아기침대에 누울 수도 없지만 엄마와 아이가 소파나 카우치 등에서 함께 자는 경우가 있다. 나도 아들과 소파에서 잤다. 그러다가 (돌이 지나자) 아이가 잠든 걸 확인하고 나서 조용히 일어나 내 침대로 갔다. 물론 아들이 깨어 나를 찾으면 다시 아이에게 갔지만 차차 아들은 깊이 자기 시작했다. 그러자 아이가 잠들 때 옆에 누워 있을 필요가 없어졌다. 이렇게 하면 아이는 다른 방에 놓여 있는 다른 침대에 적응할 필요가 없다. 모든 게 그대로이고 다만 엄마가 옆에 있는 시간이 전보다 줄어든 것뿐이다.

아이가 부모의 침대에서 함께 자는 경우에는 일정 기간 동안 엄마가 아이와 함께 자는 장소를 옮기는 것도 방법이다. 아이는 먼저 새 침대에 적응할 것이고(이때 엄마는 바로 옆에 함께 있다) 그런 후에 자기가 잠들 때 엄마가 꼭 옆에 있어야 하는 건 아니라고 느끼기 시작할 것이다. 어떤 변화를 시도할 때는 '예전과 똑같은' 것이 있는 게 중요하다. 곧바로 새 침대에 엄마까지 없어지면 심리적으로 매우 힘이 든다. 물론 어쩔 수 없는 이유 때문에 '예전과 똑같은' 것이 하나도 없더라도 아이는 결국 적응한다. 그렇다고 해도 아이의 스트레스를 조금이라도 줄일 방법이 있다면 그것을 이용하는 편이 낫다.

수면 독립의 또다른 중간 단계로 이불을 두 장 사용하는 방법도 있다. 엄마는 아이를 따로 재우기로 결정했다, 좋다. 하지만 이전에 한 이불을 덮고 잤다면 당분간은 각자 이불을 덮고 자는 것이다. 엄마는 옆에 있지만 몸이 직접 닿지 않아 엄마의 온기를 몸으로 느낄 수는 없다. 이런 식으로 신체적인 접촉을 조금씩 줄이면 아이는 조금씩 독립한다.

부드러운 소재의 잠자리 장난감을 이용하는 방법도 있다. 아이에게 애착 인형이 있다면 어디서든 그걸 안고 잠들기가 쉬울 것이다. 게다가 이런 장난감은 여행을 가든 유치원을 가든 가지고 다니기도 쉽다. 나는 심지어 이런 장난감은 똑같은 걸로 두 개를 사서 하나는 감추어 두라고 권한다. 이 장난감을 분실하면(예컨대, 우연히 호텔에 두고 온다거나) 진짜 비극이 일어나기 때문이다. 여분의 장난감이 있다면 이럴 때 꺼내어 편안히 잠들면 된다.

드문 일이긴 하지만 아이가 스스로 "난 다 컸어! 혼자 잘 거야!"라며 부모로부터 잠자리 독립을 하고 싶어 하는 경우도 있다. 이럴 때는 아이의 침실을 직접 꾸미도록 하면 추가적인 동기부여가 될 것이다. 아이와 함께 멋진 이불을 사러 가라. "내 이불이 제일 멋져! 엄마 아빠한테는 이런 게 없어!" 하도록. 편안한

당신의 아이가 혼자서 잔다면 멋진 일이다. 이는 곧 당신이 훗날 "혼자 자는 법을 어떻게 가르칠 것인가?" 하는 문제를 해결하지 않아도 된다는 뜻이다.

베개도 함께 고르고 천장에 별이 빛나게 해 주는 수면등이나 좋은 꿈을 꾸게 해 준다는 드림캐처 같은 침실 액세서리도 사면 좋다. 아이를 부러워하는 모습을 보여 주면 아이는 더욱 즐거워할 것이다.

반면에 절대로 하지 말아야 할 것은 아이를 침대에 뉘인 다음 우는 아이를 내버려 두고 방을 나가는 것이다. 첫날은 몇 시간 울다가 잠이 들 것이다. 둘째 날은 어쩌면 한 시간, 어쩌면 두 시간쯤 울지도 모른다. 하루하루 우는 시간은 점점 줄어들고 아이는 자기 침대에서 혼자 자는 법을 익힐 것이다. 얼마나 멋져, 응! 1주일 정도만 아이의 울음을 참으면 된다니! 이 방식이 효과적이라는 데는 나도 동의한다. 하지만 나라면 내 아이에게 이걸 적용해 보는 위험은 결코 택하지 않을 것이다. 이런 방식이 아이에게 어떤 정신적 트라우마로 남을지 상상조차 하기 힘들다. 자기에게 오지 않는 부모를 애타게 부르는 아이의 심정을 생각해 보라. 자신을 불편하게 하는 게 없기 때문에 그치는 울음과, 아무도 오지 않기 때문에 불러 봐야 소용이 없어 그치는 울음은 전혀 다른 것이다. 이 두 번째 경우가 나는 개인적으로 무척 슬프고 염려된다.

장난감 정리하기

많은 엄마들이 이 주제를 나에게 무척 자주 묻는다. 장난감 정리는 육아의 '3대 문제'(배변, 수면, 식사) 바로 다음으로 엄마들이 관심을 갖는 문제이다. 솔직히 말하자면 모든 아이들을 순식간에 정리하도록 만드는 만능 공식 같은 건 나에게도 없다. 모든 아이는 각기 다르다. 각자에게 맞는 방법도 다를 것이고 그에 맞는 이론도 다양할 것이다. 그러므로 나는 엄마들이 깊이 생각해 보고 자신과 아이에게 맞는 해결책을 모색할 수 있도록 '토이 스토리'들을 몇 가지 이야기해 주려고 한다.

첫 번째 이야기

아르세니가 생후 30개월일 때 일이다. 아들이 낮잠을 자는 동안 나는 완벽한 질서를 방 안에 구축했다. 모든 물건을 나무 상자와 종이 상자에 맞춰 담고, 자동차는 자동차끼리, 블록은 블록끼리, 책은 책끼리 정리했다.

아르세니가 잠에서 깨어 가장 먼저 한 일은 펄펄뛰며 노발대발하는 것이었다. "뭐야, 엄마?! 내가 겨우겨우 다 꺼내 놨는데 엄마가 싹 치워 버렸어!"

그때 나는 우리의 세계관이 일치하지 않는다는 것을 깨달았다. 아르세니는 질서에 대해 전혀 다른 관념을 가지고 있었다. 한눈에 모두 보여서 언제든 집을 수 있도록 흩어 놓은 장난감들이 아들에게는 편했던 것이다.

> √ 교훈: 어린아이는 청소의 필요성을 알지 못한다. 굳이 또 몸을 움직여 해야 하는 그 일이 왜 필요한지 아이에게 알려 주어야 한다.

두 번째 이야기

유치원 3세 반의 전형적인 상황이다. 아이들이 놀잇감을 선반에서 모두 끌어내려 놓고 난 뒤 그 자리에 그대로 두었다. 장난감을 정리해야 한다는 생각은 아무도 하지 않는다. '뭣 하러?'인 것이다.

나는 아이들을 불렀다.

― 얘들아, 유치원에서 놀고 나서 집에 가는 게 좋지?

― 네!

― 밤새 유치원에서 있게 되면 어떨 것 같아? 너희를 데리러 오는 걸 부모님이 잊으시면 어떨 것 같아? 좋을까?

― 아니요!

― 여기 이 장난감들도 자기 집이 있어서 놀고 난 뒤에 집에 가고 싶어 해! 자기들을 아무데나 던져 두고 잊어버리는 걸 좋아하지 않아.

모두 함께 장난감을 집으로 돌려보내자. 그러면 장난감들이 좋아할 거야. 인형들 집은 어디지?

   √ 교훈 : 아이에게 생각을 가르칠 때는 아이의 경험에 빗대어 설명하면 쉽다.

세 번째 이야기

알렉산드르가 세 살 때 일이다. 어린아이가 상상 속 놀이를 할 때는 굳이 장난감도 필요 없다. 두루마리 화장지 하나만 있어도 아들은 신나게 놀았다. 장난감 차들이 눈 덮인 도로 위를 달리고 있었다. 눈 덮인 도로란 방 안 가득 풀려 있는 두 겹의 부드러운 휴지였다. '이런, 마지막 휴지를 감춘다는 걸 또 잊었었네. 이미 깜깜하고 가게에 가기도 싫으니 냅킨을 써야겠군….' 하고 나는 생각했다. 그때 눈보라가 시작되었다. 부드럽고 긴 두 겹의 띠가 무언가로 바뀌었다…(분명 뭔가로 바뀌었는데 그게 뭔지는 모르겠다). 바닥에 온통 휴지 조각이 뿌려져 있었다. 알렉산드르는 흐뭇한 표정으로 '눈 위'를 구르면서 사방에 '눈송이'를 뿌리고 있었다.

그러다 잘 시간이 되었다. 자러 가기 전에는 치워야 할 터였다. 그러나 청소해야 한다고 생각하는 건 엄마였지 아들이 아니었다. 알렉산드르는 '눈더미'가 괜찮았다. 하지만 엄마는 이 난장판이 전혀 괜찮지 않았다. 이때 내가 "쓰레기 치워!" 하고 명령한다면 아들은 "이건 쓰레기가 아니야! 눈이라고! 그냥 둬!" 하고 반항할 것이다. 그러므로 눈을 치워야 한다고 아이를 설득해야 한다.

― 알렉산드르, 산타 할아버지가 지금 눈이 많이 필요하대.

― 정말?! 왜?

― 5월이잖아. 눈이 다 녹았지. 산타 할아버지 동네가 덥대. 그런데 이 눈은 안 녹잖아. 이 눈이 햇볕으로부터 산타 할아버지를 지켜 줄 거야. 눈을 전부 이 봉투에 담자.

― 엄마, ― 아들은 곧바로 휴지 조각을 쓸어 담으면서 물었다. ― 그런데 이 눈을 산타 할아버지한테 어떻게 보내?

― 그러니까, ― 나는 치우면서 이야기를 지어냈다. ― 마법의 사슴이 뿔에 봉투를 걸어서 가져가지.

― 마법의 사슴이 우리 집에 들어오는 거야?

― 뭣 하러? 우리가 이 봉투를 발코니에 걸어 두면 사슴이 날아가며 채 가는 거야.

알렉산드르는 정말 열심히 '눈송이'들을 모아 담았다.

큰아들 아르세니(이 대화를 전부 다 들었다)가 이런 식의 동기부여는 잘못된 게 아니냐고 조심스럽게 나에게 물었다.

― 엄마, 그건 속이는 것 아니에요?

― 아니, 엄마는 속인 게 아니야. 엄마는 알렉산드르를 위해 이야기를 만들어 낸 거고 알렉산드르는 그걸로 논 거지. 모두에게 이득 아니니?

> √ 교훈 : 어떤 일이든 그것을 놀이로 바꾸면 아이에게는 즐거운 활동이 된다.

네 번째 이야기

이 이야기는 부모교육 프로그램에 참가했던 엄마가 해 주었다. 이 역시 장난감에 관한 게 아니라 정리를 즐거운 놀이로 바꾸는 것에 대한 이야기이다.

"놀이를 하나 생각해 냈어요. 포크 하나가 여왕이 되는 거지요. 이 포악한 여왕이 앞으로는 더러운 그릇을 왕국에서 모두 쫓아내기로 했어요. 그리고 마침내 우리가 먹을 때마다 검사를 하러 왔어요. 아들이 아끼는 접시를 벌써 몇 번이나 쫓아내려고 했지요. 물론 내가 도울 수도 있었겠지만 여왕 폐하는 엄마를 싱크대에 못 가게 하라고 신하들에게 명령했어요. 내 아들 사브만 공룡들이 보호해 주는 덕분에 자기 접시를 구하러 싱크대에 갈 수 있었어요. 스토리는 매번 조금씩 바뀌었지만 결과적으로 사브는 식사 때마다 점점 더 자주 자기가 먹은 접시를 닦게 되었어요."

> ✔ 동일한 교훈: 어떤 일이든 그것을 놀이로 바꾸면 아이에게는 즐거운 활동이 된다.

다섯 번째 이야기

알렉산드르가 네 살 때 일이다. 나는 알렉산드르에게 장난감을 치우라는 임무를 주었다. 그러자 아들이 투덜대기 시작했다. 너무 오래 걸린다는 둥 장난감이 너무 많다는 둥 자긴 못 한다는 둥 완전히 지쳐 버릴 거라는 둥 도와주면 좋겠다는 둥.

아이들이 벌여 놓은 난장판을 보면 나조차도 이걸 정리하는 건 불가능하다는 느낌을 받는다.

— 좋아, 그럼 자동차들만 이 상자에 모아 봐.

해야 할 일이 단순하고 분명해지자 아들이 빠르게 처리해 낸다.

— 이제는 블록들을 이 상자에 담아…. 자, 이번엔 병사들을 모두 이 상자에 담아…. 자, 봐, 이젠 버리기만 하면 되는 쓰레기만 남았네.

> ✔ 교훈: 해야 할 일이 추상적이고 이룰 수 없는 것처럼 보일 때는 구체적이고 단순한 하부 과제들로 나누어야 한다.

여섯 번째 이야기

어느 날 두 아들에게 임무를 주었다. 작은아들은 장난감을 정리하고, 그 다음에 큰아들이 진공청소기를 돌리라는 임무였다. 그런데 진공청소기 소리가 너무 빨리 멎는 게 영 수상쩍었다. 방으로 가 보니 바닥에 흩어져 있던 장난감들이 몽땅 높은 곳으로 옮겨져 있었다. 테이블, 소파, 창턱에 장난감이 가득했다. 작은아들은 할 일을 다 했다고 뿌듯해하며 장난감 총과 공, 공룡 들과 함께 소파에 누워 있었다. 이러니 큰아들이 청소기를 금방 돌릴 수 있었던 것이다.

√ 교훈 : 과제를 줄 때는 결과가 어떠해야 하는지를 모두가 동일하게 이해하는 것이 중요하다.

일곱 번째 이야기

유치원이 새로 문을 열어 이제 막 원아등록을 마쳤다. 반에는 인형과 장난감 자동차, 토끼 인형이 몇 개씩 있고, 집짓기 블록이 두 세트 있었다. 열 명의 아이들은 지난 2주간 놀고 난 뒤에 장난감 정리하는 것을 배웠다. 아이들은 토끼와 인형, 자동차, 블록들이 어디에 '사는지' 금방 익혔다. 놀이 후의 정리는 쉽게 자리 잡아 갔다. 그런데 얼마 후 유치원에 새로운 게임과 장난감이 들어왔다. 손가락 인형, 소꿉놀이, 병원놀이, 공, 또다른 집짓기 블록, 쌓기놀이, 퍼즐, 모자이크놀이, 동물 피규어, 장난감 기차와 기찻길, 플래시 카드, 도미노 카드놀이 등등. 나는 선반 위 정해진 위치에 장난감들을 분류해서 배치했다. 다음날 아침이 되자 유치원에 온 아이들은 장난감을 모두 다 바닥으로 쓸어 내렸다. 당연히 악의로 그러거나 난동을 부리는 것이 아니었다. 아이들은 원래 그렇게 논다. 2~3세 아이들은 아직 스토리를 구성하며 놀지 못한다. 그저 물건들을 단순히 조작할 뿐이다. 아이들은 장난감을 손 위에서 돌리다가 바닥으로 떨어뜨렸다. 선반에 있었던 장난감이 많으면 많을수록 바닥에 떨어진 장난감도 늘어났다. 아이들은 장난감을 끄집어내면서 신나게 놀았다. 그러다 점심 시간이 다가왔다. 아이들에게는 장난감을 치울 힘과 인내심이 남아 있지 않았다. 장난감을 바닥에서 집어올리는 건 할 수 있었지만 그것들을 모두 분류해서 제자리에 넣는 건 힘겨운 과제였다. 결국 집짓기 블록, 큐브놀이, 쌓기놀이, 소꿉놀이 그리고 손가락 인형까지 모두 한 상자에 담겼다.

√ 교훈: 아이 손이 닿는 범위 내에는 아이가 정리할 수 있을 만큼의 장난감만 있어야 한다.

P.S. 이후 나는 예전 장난감에다 쌓기놀이 하나만 추가해 주었다. 새 장난감을 주면서 어떻게 노는지만 알려 주고 그 장난감들이 '사는 곳'을 알려 주지 않았던 게 문제였다. 새 놀잇감들은 아이들이 위치를 기억하는 정도에 맞춰 하나씩 차례로 반에 들였다. 보조 수단도 필요했다. 나는 장난감 선반과 상자에 거기서 '사는' 장난감 그림을 붙여 두었다. 아이들은 쌓기놀이 자리를 잊어버리더라도 그저 선반에서 같은 그림을 찾기만 하면 되었다.

> 어느 날 두 아들에게 임무를 주었다. 작은아들은 장난감을 정리하고, 그 다음에 큰아들이 진공청소기를 돌리라는 임무였다.

여덟 번째 이야기

접시 한 개를 닦는 게 접시 열 개를 닦는 것보다 쉽다. 자명한 일이다. 식사를 끝내자마자 식기를 닦으면 하루 동안 쌓인 접시와 컵 더미를 치울 때 생기는 불쾌한 감정과 씨름하지 않아도 된다.

장난감 한 개를 치우는 게 장난감 열 개를 치우는 것보다 쉽다. 놀고 난 후에 곧바로 인형이나 자동차를 제자리에 돌려놓도록 아이를 가르치면 놀이 후에 산더미처럼 쌓인 장난감을 헤쳐 가며 정리할 필요가 없다. "인형을 침대에 돌려 놔."라는 말은 "장난감 전부 치워."처럼 아이의 반감과 반항을 불러오지 않는다.

쉬운 일이 아니라는 것은 잘 안다. 누가 무얼 가져다 어디에 두는지 하루 종일 확인해야 한다. 아이를 계속 통제하는 일은 성가시다. "로마, 북을 칠 거면 기차는 제자리에 둬. 기차는 왜 테이블 밑에 둔 거야?" 하면서 동시에 규칙도 계속 일깨워 주어야 한다. "새 장난감을 잡기 전에 이전 건 제자리에 돌려 놔야지." 그리고 때로는 아이들과 합창도 해야 한다.

"우리는 착한 어린이,
모든 것이 항상 정돈되어 있지.
우리는 규칙을 잘 지키는 어린이.
놀고 나면 항상 정리를 하지.
(무슨 이유인지 아이들은 노래로 부를 때 규칙을 더 빨리 기억한다.)"

이렇게 3주가 지나자 성과가 눈에 보이기 시작했다. 청소하는 시간이 이전보다 세 배는 줄어들었다. 청소하는 데 신경 쓰는 것도 역시 줄어들었지만 이걸 측정할 방법이 없다는 게 아쉽다.

✓ 교훈 : 깨끗함은 비질을 하는 곳이 아니라 먼지가 일지 않는 곳에 머문다. 지금의 정돈 상태를 유지하는 것이 이따금씩 대청소를 하는 것보다 쉽다.

아홉 번째 이야기

— 얼른 산책 데리고 나가세요. 안 그러면 내가 바닥 청소할 시간이 없어요! — 두 반을 맡은 보육도우미는 서두를 수밖에 없다.

— 잠시만요, 스베틀라나. 장난감만 치울게요.

— 그냥 두세요! 내가 후딱 치울게요!

— 그 편이 더 빠른 건 맞아요. 하지만 한번 장난감을 내버려 두게 하면, 장난감은 반드시 다 치워야 한다고 가르치기가 힘들어져요.

— 그럼 얼마나 더 기다려야 해요?!

— 기다리지 말고 조금씩 치우세요. 하지만 "뭘 이렇게 꾸물거리지? 내가 후딱 해 버릴게!"라는 말 대신 "와, 대단해! 정리를 정말 잘하는구나! 내가 조금만 도와줄게."라고 말해 주세요.

 ✓ 교훈 : 육아는 일관되어야 하며 그때그때 상황에 따라 달라져선 안 된다.

 ✓ 추가 교훈 : 성과를 원한다면 칭찬하라. 이것은 노력하려는 의욕을 자극한다. 그러나 비난은 이러한 의욕이 사라지게 한다.

열 번째 이야기

유치원에는 새로운 장난감뿐만 아니라 종종 새로운 원아들이 들어

왔다. 이 아이들은 대부분 규칙에 맞춰 장난감 정리하는 법을 알지 못했다. 개중에는 아예 배우고 싶어 하지 않는 아이들도 있었다.

― 예고르, 왜 안 치우고 있니? 친구들은 모두 장난감을 제자리에 넣고 있는데 너는 계속 놀기만 하네.

― 피곤해요.

― 피곤하면 여기 이 의자에 앉아서 쉬렴. 충분히 쉬었거나 중간에 지루해지면 우릴 도와주러 와.

의자에 앉아 있는 건 지루한 일이다. 하지만 도와주고 싶지도 않다. 아이들은 장난감을 치운 뒤 주스를 마시고 산책을 나갔다. 밖에도 장난감이 있다. 자동차, 모래놀이 삽, 공 등.

"예고르, 삽은 왜 들었어? 피곤해지면 어쩌려고?"

"예고르, 자동차는 그냥 둬. 앉아서 쉬어."

"예고르, 공은 뭐하려고? 그것도 나중에 제자리에 둬야 하는데, 피곤해지잖니… ."

예고르는 더 이상 참지 못한다.

― 나 안 피곤해져요!

― 그럼 나중에 정리도 할 수 있어?

― 네!

― 좋아, 그러면 원하는 걸 가지고 놀아, 하지만 반드시 제자리에 돌려놔야 해.

√ 교훈: 놀고 나서 정리하지 않는 아이는 놀면 안 된다!

P.S. 집에서 나는 이 원칙을 다음과 같은 방식으로 적용했다. 놀이 후에도 바닥에 장난감이 있으면(참으로 줄기차게 이랬다!) 나는 그걸 모두 상자에 넣어 높은 선반에 올려 두었다가 1주일이 지나야 내려 주었다.

P.P.S. 부모교육 프로그램에 참여했던 한 엄마는 '놀고 나서 정리하지 않는 아이는 놀면 안 된다'는 규칙을 아이가 익숙한 놀이 형태로 응용한 이야기를 들려주었다.
"놀고 나면 장난감을 치워야 한다고 아들에게 가르치고 또 가르쳤어요. 2년 동안 함께 장난감을 치웠는데 어느 날 아들이 반항을 하더라고요. '이제 더 이상 안 할 거야. 내버려 둘 거야.' 그래, 좋아. 그대로 내버려 두고 우리는 자러 갔어요. 아침에 일어나니 장난감들이 나가려고 현관 앞에 줄지어 서 있었지요! 드미트리가 '얘네들 어디 간대?' 하고 물었어요. '새 집과 새 주인을 찾아 간대. 바닥이 너무 추워서.' 드미트리가 가만히 보니 아빠가 나갈 때 레이싱카도 함께 나갔고, 볼링핀이랑 책들도 도망을 친 거예요. 나는 드미트리와 함께 장난감을 찾으러 나갔어요. 경비 아저씨가 도망자들을 붙잡았더군요! 우리는 경계를 게을리하지 않은 경비 아저씨께 감사의 뜻으로 초콜릿을 선물했어요. 그 뒤로 장난감들은 항상 제자리에서 자게 되었답니다."

부모의 도움이 해로울 때

어느 날 이반이라는 아이의 엄마가 상담을 하러 왔다. 이반은 세 살이었다. 엄마는 이반이 모든 걸 혼자 하겠다고 우기다가 심하게 짜증을 부린다고 하소연했다.

— 내가 할 거야! 하고 소리쳐요. 하지만 막상 해 보면 잘 안 되니까 악을 써요. 그 소리가 너무 듣기 싫어서 차라리 집 밖으로 뛰쳐나가고 싶어져요.

엄마가 그러한 예들을 이야기하는 동안 이반은 그림을 그렸다. 파란 색연필을 집으려고 손을 뻗자 엄마는 반사적으로 색연필을 집어 이반에게 주었다. 잠시 후 이반이 떨어뜨린 연필이 테이블 밑으로 굴러갔다. 이반은 떨어진 연필을 주우려고 의자에서 내려왔지만 이번에도 엄마가 더 빨랐다. 나와의 대화를 끊지 않으면서도 엄마는 직접 연필을 주워 이반에게 건넸다.

엄마에게 물었다.

- 이반이 손을 뻗으면 연필에 닿았을까요?
- 그랬겠지요.
- 스스로 연필을 바닥에서 집어 들 수도 있었을까요?
- 있었겠지요.
- 그러면 왜 아이가 이걸 하게끔 하지 않으세요?
- 도와주려고요….
- 무엇 때문에요? 이반이 스스로 할 수 있는걸요. 도움을 청하지도 않았고요.

이반의 엄마는 아이를 도우려는 의도에서 오히려 아이의 행동과 독립성을 제한하고 있었다. 이반은 짜증을 통해 스스로 행동할 수 있는 자신의 권리를 주장했던 것이다! 엄마는 (의도치 않게) 이반이 아직 할 수 없는 일에서만 독립성을 발휘하도록 물러섰다. 예컨대 신발끈 묶기 같은. 아이가 느꼈을 감정을 상상해 보라. 마침내 스스로 해 보라고 하나를 허락받았는데, 그게 잘 되지 않는다….

아이가 혼자서 할 수 없을 때에만 아이를 도와주어라. 아이가 자신의 힘을 시험해 보고 자신의 능력을 파악할 수 있는 기회를 주어라. 이것이 아이의 발달에 핵심 요인이다.

아이가 해 내지 못하더라도 "이리 줘, 엄마가 해 줄게."라든가 특히 "엄마가 하는 게 더 빨라.", "엄마가 하는 게 낫겠어." 같은 말은 하지 마라. 이것은 "넌 실패한 거야.", "엄마가 너보다 나아."라는 직접적인 메시지를 전달해 아이의 자부심에 타격을 입힌다. 아이에게 필요한 것은 엄마의 지지와 응원이지 엄마의 우월함을 드러내는 과시가 아니다. 그러나 아이가 성공하지 못했는데 그저 겉으로만 칭찬하는 것 역시 좋지 않다. 자신이 제대로 해 내지 못했으며 엄마가 거짓으로 칭찬한다는 것을 아이도 알아챈다. 태어날 때부터 모든 걸 잘 할 수 없기 때문에 노력이 필요하다는 걸 아이가 깨닫도록 가르쳐라. 당신의 임무는 아이들이 자기가 무엇을 이루었는지 알고 앞으로의 그림을 그려볼 수 있도록 하는 것이다. 신발끈을 묶는 데 실패해도 괜찮다. 최소한 신발끈을 맞는 구멍에 끼웠을 것이다. 이것은 분명히 아이가 이룬 것이므로 칭찬을 받아 마땅하다. "잘했어. 벌써 신발끈을 끼울 수 있구나. 매듭은 엄마가 도와줄게. 금방 혼자서 묶겠네."

좀 더 큰 아이들에게도 이 원칙은 효과가 있다. 아이가 도움을 청하지 않으면 가지 마라. 도와 달라고 하면 도와주어라. 다만 이때도 아이 대신 해 주는 게 아니라 아이와 함께 해야 한다. 그리고 아이가 정말로 잘 해낸 것을 칭찬하는 걸 잊지 마라. 객관적으로는 높은 점수를 줄 수 없다고 하더라도 어제보다 나아졌다면 칭찬하라. 아이가 스스로의 변화를 아는 것이 중요하다. 내일은 더 잘하게 될 것이라는 믿음이 아이를 움직이게 한다.

"해도 돼"와 "안 돼"의 균형

"딸이 친구들과 놀 때 늘 수동적이고 다른 아이들이 하자는 대로만 하는 게 신경 쓰여요. 모든 아이들이 딸에게 명령하고, 딸에게는 가장 인기 없는 역할만 맡겨요. 어떤 때는 강아지를 하고, 어떤 때는 또 말이 돼서 다른 아이들이 등에 타기도 해요. 좀처럼 자기 권리를 주장하지 않아요. 어떻게 해야 할까요?"

놀이터에 앉아 있으면 내가 심리학자인 걸 아는 엄마들이 자주 질문을 한다. 정상적인 일이다. 나 역시도 아이 친구 엄마가 의사라는 걸 알게 되면 무엇이든 꼭 물어보게 되니까. 예를 들면 자신의 아이에게 예방접종을 시키는지 같은 것들 말이다.

> 아이가 스스로 할 수 없을 때에만 아이를 도와주어라.

'수동적인 소녀' 에카테리나는 다섯 살이었다. 이 날은 모래놀이터에서 놀고 있었는데 모래가 너무 바짝 말라 있어서 자기가 원하는 모양을 만들 수가 없었다. 아이는 주위에 굴러다니던 페트병을 이용해 그네 밑 웅덩이에서 물을 담아 오려고 했다.

― 그걸 뭐 하려고! 제자리에 내려 놔! ― 엄마가 못하게 막았다.

― 그치만, 엄마아아아, 모래를 적시고 싶어!

내가 보기에는 이것이 바로 에카테리나가 주도적으로 행동하려는 시도였다.

― 제자리에 내려 놔! ― 엄마의 목소리에 힘이 실렸다.

― 모래를 적시고 싶다고! ― 항상 시키는 대로만 한다는 아이가 심지어 발까지 동동 굴렀다.

― 엄마가 말했지! 안 돼! ― 엄마도 물러설 생각이 없었다.

아이는 페트병을 버리고 모래놀이터로 돌아갔지만 더 이상 놀지 않았다. 뽀로통해서 샌들 발끝만 보면서 앉아 있었다.

> 다음 번에 단호한 어조의 "안 돼!"가 입 밖으로 나오려고 하면 일단 멈추고 잠시 생각하라. "왜 안 되지?"라는 질문을 스스로에게 해 보라.

― 스베틀라나, 왜 그러면 안 돼요? ― 엄마에게

조심스럽게 물어보았다.

— 옷이 더러워지니까요!

— 더러워지면 안 돼요? 빨래를 손으로 하세요 아니면 세탁기로 하세요?

— 당연히 세탁기죠.

— 그러면 더러워져도 그냥 둬 보세요. 대신 아이는 더 재미있게 놀 거예요.

— 이미 안 된다고 말했어요. 난 한번 말하면 바꾸지 않아요. 심지어 내가 틀렸을 때에도 어쨌거나 내가 말한 대로 되어야 해요! - 엄마는 강경한 어조로 말했다. - 난 원래 이런 사람이에요! 내 주장을 절대로 굽히지 않아요!

― 그러면 딸아이와 언쟁을 할 때도 늘 당신이 이기나요?

― 당연하지요! 내가 엄마니까요!

― 그러면 아이는 언쟁에서 이겨 본 경험이 한 번도 없나요?

― 없어요.

― 그러니까, 예카테리나는 무조건 따라야 하는 데 익숙한 거네요. 누군가가 자신에게 시키는 데 익숙하고요. 그러니 아이들과 놀 때에도 자기가 익숙한 역할만 하고 있는 거예요. 다시 말해 아이는 어떻게 해도 자기가 바라는 대로 되지 않는다는 사실에 적응한 거예요.

대화가 잠시 멈추었다. 좋은 징조이다. 엄마가 생각하기 시작했다는 뜻이다….

― 그러면요? 이제부터는 모든 걸 허락해 줘야 한다는 거예요?

― 왜 다른 쪽 극단으로 가야 하지요? 그저 가끔씩 아이가 자기 주장을 할 수 있게 해 주세요. 엄격하게 금지하는 건 아이의 건강이나 생명에 위협이 될 수 있는 것으로만 한정하시고요. 나머지 것들은 모두 의논해서 결정해 보세요.

다음 번에 단호한 어조의 "안 돼!"가 입 밖으로 나오려고 하면 일단 멈추고 잠시 생각하라. "왜 안 되지?"라는 질문을 스스로에게 해 보라. 이 '안 돼'가 누구에게 유익한 것인가? 당신이 치우고 닦고 세탁해야 하기 때문인가? 이러한 '안 돼'가 아이의 발달을 제한하는 것은 아닌가?

독립성을 발달시키기 위해서는 이미 익숙한 질서를 희생해야 할 때도 있다. 그러나 얻게 될 성과는 그런 희생을 할 만한 가치가 있다. 무질서는 일시적이지만 아이가 습득한 능력은 계속 남는다.

한 살부터 다섯 살까지 세 아이를 키우는 나탈리야는 자신의 경험을 이렇게 이야기한다.

"나는 많은 것들을 오랜 시간에 걸쳐 조금씩 접근했어요. 나는 청결과 질서를 정말 좋아하기 때문에 이건 마치 심연으로 빨려 들어가는 기분이었어요. 하지만 아이들을 야단치고 아이들을 대신해 내가 모두 하는 걸 멈추자 아이들은 오히려 조심성이 생기고 더욱 자율적이 되었어요. 어느 날 내가 너무 아파서 못 일어났더니 아이들이 아침 식사 거리를 찾아내서는 내가 누워 있는 방으로 전부 다 들고 와 내 옆에들 앉아 아침을 먹었어요. 그리고는 그릇들을 전부 주방으로 내갔어요. 나는 아이들이 이토록 잘 하는 걸 뿌듯해하며 누워 있었지요. 침대에 흘린 음식 부스러기는 잘 털어 내고 청소기를 돌리면 되니까요. 중요한 건 아이들이 정말 잘했다는 거예요."

아이가 "난 못 해."라고 말할 때

"딸이 스스로 뭔가를 해 보려고 하다가 안 될 땐 어떻게 해야 해요? 다시 해 볼 생각도 하지 않고 '난 못 해. 엄마가 해 줘.'라고 하면요? 딸아이는 가끔 시도조차 하지 않으면서 못하겠다고 해요."

"난 못 해."는 모든 연령에서 사용되는 변명이다. 여기엔 이미 '해독

제'도 있다. "할 수 있는 데까지 해 봐. 그 다음에 함께 고쳐 보자." 혹은 "벌써 시도해 봤어? 정확히 뭐가 안 되는 거야?"이다. 이런 상황에서 내 아버지는 "오랫동안 애를 쓰면 뭔가는 이루어진다."고 말씀하셨다.

— 양말 못 신겠어!

— 시도해 보지도 않았잖아. 한번 해 봐. 왜 안 되는지 보고 있을게.

— 못 하겠어!

— 양말을 손으로 잡을 수는 있지? 발을 양말에 넣는 것도 할 수 있어? 이것 봐, 됐잖아.

***

— '숲 속의 크리스마스'를 못 그리겠어! 바보 같은 숙제야! 대체 누가 이런 숙제를 생각해 낸 거야!

— 그릴 수 있으면? 너에게 요술지팡이가 있어서 한 번 휘두르기만 하면 네가 원하는 주제의 그림이 책상 위에 나타난다면? 거기엔 뭐가 그려져 있을까?

— 밤에 불 켜진 트리, 반짝반짝 빛나는! 그리고 토끼랑 다람쥐들이 그 주위를 돌며 노래하고 춤추는 거. 그런 만화도 있잖아.

— 트리 그릴 수 있어?

— 응.

— 여러 가지 색으로 반짝이는 불빛 그릴 수 있어?

— 응.

— 밤이라는 걸 그림에 어떻게 보여줄 수 있을까?

─ 하늘을 까맣게 칠하면 돼.
─ 좋은 생각이야. 우선 트리랑 반짝이는 불빛, 하늘부터 그려 봐. 토끼랑 다람쥐를 추가하는 건 하고 싶으면 해. 하기 싫으면 걔네들은 나중에 오는 걸로 하자.

*　*　*

─ 눈송이를 못 만들겠어. 엄마가 해 줘.
─ 종이를 반으로 접을 수 있니?
─ 응.
─ 한 번 더 반으로 접을 수 있어?
─ 응.
─ 자, 이제 여기 이 귀퉁이랑 이쪽을 잘라 봐. 펼쳐. 첫 번째 눈송이 완성!
─ 예쁘다!
─ 첫 번째 눈송이지. 이제 하나하나 만들 때마다 점점 더 예뻐질 거야. 열다섯 번째 눈송이는 얼마나 예쁠지 상상이 되니?

*　*　*

─ 이 문제 못 풀겠어요!
─ 시도는 해 봤어?
─ 아니요, 문제가 이해가 안 돼요.
─ 어느 부분이 이해가 안 되는데?
─ 다 이해가 안 돼요.

─ 어떤 사람이 자전거를 타고 A지점에서 B지점으로 이동했다…. 첫 줄에서 이해 안 되는 게 어디야?

─ 이건 다 이해돼요.

─ 그럼 이해가 안 되는 게 어떤 거지? 네가 이해한 대로 한번 도식을 그려 봐. 그 도식에 맞춰서 엄마가 설명해 줄게.

아이는 한숨을 쉬고 문제를 풀기 시작한다. 그러면 대부분 이해가 되고 문제는 쉽게 풀린다.

*＊＊

─ 왜 교복을 곧바로 옷장에 걸지 않은 거야? 조끼가 다 구겨졌으니 네가 다림질해야 해.

─ 난 다림질 못 해!

─ 다리미판 세울 수 있어?

─ 응.

─ 다리미 켤 줄 알아?

─ 응.

─ 다리미판 위에 조끼를 펴 놓을 수 있어?

─ 응.

─ 조끼 위에서 다리미 움직일 수 있어?

─ 응.

─ 그럼 다 할 수 있는 거야. 해 봐. 엄마가 옆에 있을게.

"못 하겠어!" 그렇다면 좀 더 쉬운 과제들로 쪼개어 제시하라.

아이가 "할 수 있어."라고 말하게 하려면

자주는 아니지만 간혹 계산대에서 계산을 마치자마자 빠뜨린 게 생각날 때가 있다. 이번에는 핸드워시 사는 걸 잊어버렸다. 식료품이 든 가방을 보관소에 맡기고 마트로 다시 들어갈 수도 있다. 하지만 '게으름을 조금 부리는' 방법도 있다. 게다가 휴일에 이른 아침이라 가게에는 손님도 둘 뿐이어서 모든 진열대가 잘 보인다. 그러면 나는 네 살 난 아들에게 이렇게 말한다.

― 알렉산드르, 가서 핸드워시 좀 사 올래?

아들은 신이 나서 여지껏 한 번도 해본 적 없는 과제에 도전한다. 그리고 스스로 하부 과제로 나눈다.

― 저기로 가서 핸드워시를 가져오면 되는 거예요?

― 응, 계산대에서 계산하고 나오면 돼. 자, 여기 돈 있어.

알렉산드르는 지폐를 꼭 쥐고 힘차게 비누 코너를 향해 갔다. 그러나 진열대를 두 줄 지나간 뒤 다시 계산대 옆으로 나왔다. 살짝 당황한 모습으로.

― 저기엔 비누가 없어요.

― 네가 비누 칸까지 가질 않았어. 봐, 저기가 첫 번째 칸, 두 번째 칸, 그리고 세 번째 칸, 크림, 치약, 비누 들이 있잖아.

― 아! 알겠어요!

2차 시도. 아들은 내 쪽을 보며 비누 코너에서 확신없이 돌아다니다가 또다시 핸드워시를 찾지 못하고 계산대 옆으로 돌아왔다.

무슨 이유인지 아이는 완전히 낙심하고 있었다. 나에게 다가와 조용히 말했다.

— 뭘 사야 할지 모르겠어요.

이때 핸드워시를 사러 내가 간다면 이것은 아이가 임무를 완수해 내지 못했다는 의미가 된다. 나는 아이를 실패 경험으로 밀어 넣고 싶지가 않았다. 아이에게는 성공하는 결말이 필요했고 더군다나 내게는 성공의 가능성이 보였다.

— 아들, 우리가 쓰는 핸드워시 기억 나? 어떻게 생겼지?

알렉산드르는 고개를 끄덕이고는 손짓으로 핸드워시의 모습을 그렸다.

— 이렇게 생긴 꼭지가 달린 병이에요.

맞았다, 우리 집은 액상 비누를 사용한다.

— 똑똑하네! 그거랑 비슷하게 생긴 걸 가져오면 돼.

"못 하겠어!" 그렇다면 어려운 과제를 좀 더 쉬운 과제들로 쪼개어 제시하라.

3차 시도. 괜찮아, 내 아들은 할 수 있어, 나는 스스로를 다독인다. 알렉산드르는 아기가 아니다. 곧 다섯 살이다. 나는 그 나이 때 빵을 사러 다니기도 했었다.

하지만 알렉산드르는 다시 빈손으로 돌아왔다.

— 엄마, 큰 거 사요 작은 거 사요?

비누 구매가 생각보다 시간을 많이 끌고 있었다. 침착하자, 침착하자.

— 아무거나 네 마음에 드는 걸로.

나는 미소로 격려하며 네 번째로 아들을 가게에 들여보냈다. 아들은 비누 선반을 여러 번 오가며 주의 깊게 핸드워시들을 살펴보더니 하나를 들어 나에게 보여 주었다. 나는 고개를 끄덕여 동의를 표시했다. 알렉산드르는 계산대로 갔다. 그 후 아들은 잔돈을 떨어뜨리고, 그걸 바닥에서 줍고, 그러자 이번엔 핸드워시를 떨어뜨리고, 그걸 또 주운 다음 팔로 끌어안고 영 불편한 자세로 걸으며 양손에 꼭 쥔 잔돈에 집중 또 집중했다. 아들은 이 모든 보물들을 가지고 의기양양하게 나에게 돌아왔다. 또 한 번의 "할 수 있어"를 통해 아들의 의식 속에 새로운 자각이 생겨났다.

— 멋져! 핸드워시 사다 줘서 고마워.

— 뭐 더 살 거 없어요?!

— 다음에. 지금은 이미 필요한 건 다 샀어. 집에 가야 해.

알렉산드르는 새로운 경험을 얻었다. 가게에서 직접 물건을 사는 경험이다. 그렇다고 해서 아이가 혼자서 자주 물건을 살 것이라는 뜻은 아니다. 그저 자신의 능력에 대해 더 많은 확신을 갖게 되었다는 것이다. "난 이것도 할 수 있어!"

아이를 격려하고 도와주는 것과 강요하고 의지를 바꾸게 하는 것은 전혀 다른 일이다.	이 상황에서 나에게 필요했던 건 기다림과 차분한 확신, 그리고 응원이었다. 알맞은 순간에 아이를 격려하는 것이 중요하다. 그러나 아들이 가려고 하지 않았다면, 비누를 사러 가고 싶지 않다고 강하게 표현했다면 나는 강요하지 않았을 것이다. 아이가 공포와 곤

혹감을 명확히 드러낸다면 그것은 이 행동이 아이의 근접발달영역을 넘어선다는 신호이다. 아이를 격려하고 도와주어 새로운 경험을 얻게 하는 것과, 아이에게 강요를 하고 억지로 시켜 새로운 경험을 얻게 하는 것은 전혀 다른 결과를 가져온다. 전자는 긍정적인 감정을 통해 새 경험을 얻지만 후자는 부정적인 감정을 통해 새 경험을 얻는다. 그리고 부정적인 감정을 통해 할 수 있게 된 행동은 다시 반복하고 싶지 않아진다. 언제 격려해도 될지, 언제 물러서서 다음을 기약해야 할지 이 선을 인지할 수 있는 능력이 부모들에게 매우 중요하다.

제3장

독립적인 아이에서
독립적인 어른으로

한 번에 말을 따르게 하려면

어려운 질문이다. 심지어 어른들도 한 번에 말을 듣지 않는다. 실제로 많은 이들이 남편에 대해서, 동료에 대해서 이렇게 이야기하지 않는가. "말하고 또 말해도 완전히 쇠귀에 경 읽기예요. 더 이상 어떻게 말을 해요?"

한 번만 말해도 되는 직원은 두 번 세 번 물어보고 관리할 필요가 없다. 이런 사람들은 "자기통제 능력이 좋아서 일을 맡기면 책임감 있게 한다."는 평가를 듣는다. 이러한 사람들은 동료들의 존중을 받는다. 이런 사람들과는 함께 일하기가 쉽다.

어른들은 모두, 한 번에 듣고 실행하는 사람이든 열 번을 들어도 움직이지 않는 사람이든 모두 아이에서 성장하여 어른이 된 것이다. 어렸을 때부터 한 번에 듣고 실행하는 것을 익힌 아이는 이 능력을 평생 가지고 있을 확률이 매우 높다.

이 능력을 가르치는 방법은 다음과 같다.

1. 우선 당신의 말을 주의 깊게 듣고 있는지 확인하라.

아이가 놀이나 만들기에 몰입하면 정말로 듣지 못하는 경우가 있다. 나 또한 무언가를 쓰거나 교육 프로그램을 만들 땐 너무 집중한 나머지 주위 현실로부터 완전히 차단될 때가 있다. 그럴 때 내가 뭔가를 들으려면 매우 매우 크게 나를 부르거나 건드려야 한다. 나는 큰 소리를 싫어해서 두 번째 방법을 더 선호한다. 그래서 나 역시도 비슷한 상황에서는 상대에게 직접 다가가 어깨를 살짝 치거나 아니면 내 쪽으로 상대의 몸을 조금 돌리기도 한다. 그리고 상대방의 관심을 나에게 돌려놓았다는 게 분명할 때만 말을 시작한다.

당신에게 중요한 걸 말해 주고 싶어 하는 어린이와 대화해 본 적이 있는가? 입 밖으로 쏟아져 나오는 모든 걸 당신에게 이야기하려고 심지어 숨까지 헐떡이며 말하는 아이 말이다. 관심을 자신에게 붙잡아 두기 위해 아이는 이럴 때 두 손으로 어른의 머리를 잡기도 한다. 그렇다,

어른이 고개를 돌리지 못하도록 양 손바닥으로 얼굴을 꽉 잡는 동작 말이다. 몸을 돌린다는 건 내 중요한 이야기를 듣지 못하게 된다는 뜻이다. 우리 집에서도 아르세니가 두 살 때 아이 아빠가 "아빠 잘 듣고 있어. 그러니 아빠 귀 좀 놔 줘."라고 했던 재미있는 일화가 있다.

물론 아이에게 말을 하기 위해 아이의 귀를 항상 붙잡고 있을 필요는 없다. 어깨를 잡고 이야기할 수도 있다. 원칙적으로는 아이 콘택트만 유지하는 걸로도 충분하다. 나를 보고 있다면 내가 말하는 걸 듣고 있을 가능성도 크다. 당신이 눈을 보며 이야기를 한다면 그걸 한 귀로 흘리기도 쉽지 않다. 나는 유치원에서 어린아이들이 친구에게 뭔가 말하고 싶을 때 두 손으로 친구를 붙잡아 자기 쪽으로 돌려세우는 걸 자주 보았다. 아이들은 자기 이야기를 들어 주기를 진심으로 원했던 것이다.

또 하나 중요한 것은 이야기하기 전에 먼저 아이를 부르는 것이다. 꼭 이름을 부르지 않아도 괜찮다. 상대를 부르지 않고 말을 하면 이 말에는 청자가 없다. 그리고 정해진 청자가 없는 말은 원하는 결과를 불러오지 못한다. 나 역시 유치원에서 이를 자주 경험했다. 아이들은 "이제 장난감을 치웁니다."처럼 대상을 특정하지 않는 표현보다 "얘들아, 선생님 눈을 보세요. 점심 시간이에요. 이제 장난감 정리를 시작해요."라고 할 때 장난감을 훨씬 더 잘 치웠다.

2. 아이가 정말로 당신의 말을 들었는지 확인하라.

듣는 것과 들리는 것은 같은 게 아니다. 겉으로 보기에는 들은 것 같고 눈도 쳐다보고 있었고 심지어 고개를 끄덕이거나 '응, 응' 했더라도 막상 아이는 생각에 빠져 정신이 멀리 가 있었을 수도 있다. 그러므로 만약을 대비해 다시 물어보는 것이 좋다. "엄마 얘기 들었니? 엄마가 지금 뭘 하라고 했지? 예카테리나, 우리 지금 뭘 해야 한다 그랬지?" 아이의 대답이, 지금까지 당신이 말한 것과 같다면 축하한다. 아이는 당신의 말을 들은 것이다.

처음에는 너무 많이 반복해서 말한다는 생각이 들 것이다. 하지만 차차 습관이 되면서 자연스러워질 것이다.

— 아르세니, 게임 끝내. 5분 후에 저녁 먹을 거야.
— 네, 네….
— 뭐가 네네야?
— 5분 뒤 밥 먹으니 게임 끈다고요.

속담에 있듯이, 들어라 그리고 안 들렸다고 말하지 마라.

3. 결과에 대해 미리 알려 주어라.

"말하고 또 말해도 완전히 쇠귀에 경 읽기예요." 당연하다. "말하고 또 말한다면" 앞으로도 계속 말한다는 뜻이다. 앞으로 세 번 더, 다섯 번 더 반복될 텐데 뭣 하러 처음부터 듣겠는가? 한 번에 듣고 행동하게 하려면 한 번만 말해야 한다. 그리고 결과에 대해 미리 알려 두는 것이 중요하다. "엄마는 두 번 상 차리지 않을 거야. 제때 식탁으로 오지 않는 사람은 굶는 거야."

장난감을 치워야 한다는 걸 못 들은 사람은 저녁에 장난감이 없이 놀게 될 것이다. 유치원에는 공통의 규칙이 있다. "놀고 난 후 치우지 않는 사람은 놀이를 할 수 없다."라는.

"세탁기 돌릴 거니까 옷들 가지고 와."를 못 들은 사람은 자기 손으로 바지를 빨게 될 것이다. 엄마가 심술궂어서가 아니다. 바지는 내일 당장 필요한데 세탁기는 늦은 밤에 돌리면 안 되기 때문이다. 세탁기가 탈수할 때 덜컹대는 소리는 이웃의 잠을 방해한다.

"빨리 옷 입어야 해. 10분 뒤에 나가지 않으면 영화에 늦어."를 듣지 못한 사람은 실제로 영화에 늦을 것이다. 아니면 아예 영화에 못 갈 수도 있다.

물론 이것이 제대로 효과를 보려면 부모가 반드시 미리 말한 대로 행동해야 하고 그 결과도 반드시 부모가 말했던 대로 나타나야 한다.

어른들에게 있어서도 이 방법은 똑같이 효과적이다. "기간 내에 제출하지 않은 보고서는 채점하지 않을 것이다. 보고서를 늦게 낸 사람은 무조건 D를 받을 것이다." 엄격하다. 학생들은 처음부터 결과에 대해 들었고, 제출 기한을 놓고 왈가왈부할 수도 없다.

주의! 이 방법을 적용하는 데 있어 매우 중요한 추가 사항이므로 반드시 읽어 볼 것.

- √ 처음 두 단계 없이 곧바로 세 번째 단계를 적용하지 마라. 비인도적이다.
- √ 아이들에게도 본보기를 보여라. 즉 아이가 처음 말할 때 들어야 한다.
- √ 아이에게 요구하는 것은 아이의 연령에 적합한 것이어야 한다. 예를 들어 아직 시간을 잴 줄 몰라 10분이 무엇인지 모르는 아이에게 "10분 뒤 모두 정리가 되어 있어야 해."라고 하는 건 합리적이지 못한 요구다.
- √ 결과는 어디까지나 결과여야지 협박이어선 안 된다. 이후의 일이

객관적으로 보아도 자연스럽게 이어져야 한다는 뜻이다. "제때 밥상에 앉지 않으면 굶게 될 거야."는 객관적으로도 자연스러운 결과이다. 반면에 "제때 밥상에 앉지 않으면 네 머리에 수프를 부을 거야."는 협박이다.

스스로 선택하기

십 대 소년이 상담을 하러 왔다. 그는 곧 계열을 선택해야 한다. 물리·

수학 계열을 택할 수도 있고 화학·생물 계열을 택할 수도 있다. 물리에서도 화학에서도 좋은 성적을 낼 만큼 똑똑한 학생이었다. 지역내 수학 올림피아드에서 우승한 적도 있으니 수학을 선택하는 게 당연해 보였다. 하지만 생물학 올림피아드에서도 우승한 적이 있다. 계열 선택이 얼마나 어려운 문제였는지 이 학생은 잠도 못 자고 밥도 못 먹을 정도였다.

여기까지는 소년의 엄마가 내게 전화로 해준 이야기였다.

— 우리 선택을 도와주실 수 있나요?

— 왜 '우리'지요? 두 분 모두인가요? 선택을 해야 하는 게 엄마인

가요 아이인가요?

— 아이요.

— 심리상담사에게 도움을 청하기로 한 건 아이의 결정인가요?

— 아니요, 그건 내 결정이었어요. 하지만 아이는 갈 거예요.

— 아이가 선택하도록 하시는 게 좋겠어요. 저에게 오고 싶은지 아닌지 학생이 직접 선택하게 하세요.

전화기가 조용했다. 대화는 오랫동안 멈추었다. 한참이 지난 후에 엄마가 전화로 돌아왔다.

— 모르겠대요. 어쨌든 그냥 방문하는 걸로 할게요. 우리끼리는 해결하지 못할 것 같아요.

— 좋아요. 시간을 정하지요. 언제가 편하세요?

— 수업이 끝나는 3시 이후요.

— 내일 4시가 비어 있고 아니면 금요일 5시예요. 다만 언제가 더 편할지 아들이 고르게 해주세요.

다시금 긴 침묵. 시간 역시 아이는 선택하지 못했다. 결국 엄마가 결정했다.

— 내일 4시에 갈게요.

이들의 문제는 계열 선택이 아니었다. 선택 그 자체가 문제였다. 선택은 항상 엄마가 했으므로 지금까지는 이것이 문제로 여겨지지 않았다. 그러나 지금 이 선택은 아들의 운명이 달린 문제였다. 어떤 계열로 가느냐에 따라 아들의 장래 직업이 그리고 이후 인생이 달라질 터였다. 엄마는 선택이 가져올 결과를 자신이 온전히 책임질 수 없었고 그래서 처음으로 아이에게 선택권을 주었다. 그러나 아이는 선택하지 못한다. '선택'이라는 개념 자체가 아이 안에 없다. 지금까지 아들의 삶에는 선택의 자리가 없었다. 아들은 선택하는 법을 몰랐다.

> 아이가 선택해도 괜찮을 때에 아이가 선택하게 하라.

이 사례가 비현실적이라고 생각하는가? 이 같은 예는 얼마든지 더 있다.

이리나는 여덟 살이고 엄마와 함께 리조트에 놀러 왔다. 엄마의 친구도 함께 왔다. 엄마의 친구에게도 딸 소피야가 있고 그 아이도 여덟 살이다. 엄마끼리는 친구이고 딸들은 동갑이다. 여행은 마냥 즐거울 것만 같았다. 하지만 이 동갑내기들 사이에 매일매일 갈등이 생겼다.

리조트에는 멋진 것들이 많았다. 해안을 따라 가판대 행렬이 끝없이 이어졌다. 엄마와 딸 들은 비치모자를 사러 갔다. "골라 보렴." – 소피야의 엄마가 딸에게 말했다. 이리나의 엄마는 이미 모자를 골랐지만 친구의 딸이 직접 고르는 걸 보고 자기 딸에게도 "골라 보렴." 하고 말했다.

이리나는 멍하니 서 있었다. 아이는 어쩔 줄 몰랐다. 모양과 색이 너무 다양해서 무슨 기준으로 골라야 할지 알 수가 없었다. 반면에 소피야는 들뜬 목소리로 "저기 저 핑크색이요. 나비 있는 거요!" 하고 외쳤다. 이리나는 가볍게 숨을 내쉬며 "저도 나비 있는 핑크색 모자 주세요."라고 말했다. 불행인지 다행인지 가판대에는 같은 모자가 둘 있었다. 소피야가 똑같은 모자를 쓰기 싫다고 불평했으나 소피야의 엄마는 이리나도 같은 모자를 고를 권리가 있다고 이야기해 주었다.

그 다음으로는 아이스크림 가게에 갔다. 세 스쿱을 두 스쿱 가격에 팔고 있었다. "골라 보렴." – 소피야의 엄마가 딸에게 말했다. 소피야는 수박 맛, 피스타치오 맛, 초코칩 아이스크림으로 콘을 채워 달라고 했다. "골라 보렴." - 이리나의 엄마는 딸과의 관계가 새로운 어떤 레벨에 들어섰다고 느끼며 딸에게 말했다. 예전에는 "이거랑 이거 먹어." 라고 명령을 했지만 지금은 "골라!"라고 명령하고 있었다. 이리나는 수박 맛, 피스타치오 맛, 초코칩 아이스크림을 골랐다….

이리나가 세 번째로 소피야와 똑같은 걸 '골랐을' 때 소피야는 신경이 곤두섰다. "나랑 똑같은 것 좀 그만 골라!" 소피야는 자신의 개성이 사라지는 것처럼 느껴졌다. 그러나 소피야는 영리했다. 그 다음 가게에 갔을 때는 "이리나가 고를 때까지 나 안 고를 거야. 쟤가 먼저 고르라고 해!" 하고 버텼다. 이리나는 당황했다. 아이는 선택하는 법을 몰랐다. 지금껏 엄마가 자신을 대신해 모두 선택해 왔다. 그래서 이리나 역시 똑같이 버텼다. "내가 먼저 고르지 않을 거야!"

아이가 선택해도 괜찮을 때에 아이가 선택하게 하라. 아이가 스스로 하는 첫 선택이 직업이나 배우자가 되어선 안 된다. 여기에 충분한 노력을 들여라.

그러나 아이가 선택하도록 한 뒤에는 그 결과를 받아들여야 한다.

─ 지금 먹을래 아니면 산책 다녀와서 먹을래?

─ 다녀와서!

─ 안 돼, 너 금방 배고파져서 집에 빨리 가자고 할 거야. 지금 먹는 게 나아.

─ 다녀와서 먹을래!

─ 분명히 돌아오는 길에 뭐 사달라고 떼쓸 거잖아. 그러니 지금 뭐라도 먹는 게 나아. 뭐 먹을래?

"뭐 먹을래?"– 이것 또한 선택을 하게 하는 질문이다.
― 엄마랑 같은 샌드위치 먹을래.
― 안 돼, 아이들은 이런 햄 먹으면 안 돼. 치즈 넣어서 만들어 줄게. 오트밀 죽이랑.
― 나도 아빠랑 같은 죽!
― 아빠는 어제 남은 수프를 드시는 거야. 어제 남은 수프는 네게 주지 않을 거야. 자, 지금 막 끓인 맛있는 오트밀 죽이야.

> ✓ 이 예에서 엄마는 아이에게 선택권을 주는 듯이 행동하고 있지만 사실은 엄마 자신이 모두 선택하고 있다.

* * *

가게에서.
― 어떤 티셔츠가 좋아?
― 이거!
― 안 돼, 그건 품질이 안 좋아. 합성섬유잖아. 이것들 중에 골라 봐.
― 그럼 이거!
― 그 색깔은 네가 가진 바지들하고 안 어울릴 거야. 이것 봐, 이거 멋지지. 청바지하고도 잘 어울리고 파란 바지하고도 잘 어울릴 거야.

> ✓ 또다시 선택 없는 선택이다. 엄마는 아이의 선택을 받아들일 준비가 되어 있지 않다. 이런 상황에서는 아이에게 선택하라고 하지 않고 엄마가 직접 고르는 게 차라리 정직하다. 아니면 기준을 미리 정해

주고 그 범위 안에서 이루어진 선택은 받아들여라.

* * *

— 올해 하고 싶은 걸 골라 봐. 동아리든 학원이든.

소녀는 신이 나서 다양한 예술, 스포츠 프로그램에 관한 정보를 인터넷에서 검색한다.

— 나 골랐어요! – 일정표를 열어 노트북으로 보여 준다.

— 아, 그건 안 돼, 너무 멀어! 엄마가 데려다주고 데려와야 하는데 엄마는 그럴 시간이 없어.

— 그럼 이거요.

— 안 돼, 그건 너무 비싸.

— 그럼 여기는 돼요?

— 안 돼, 엄만 가라테는 무조건 반대야. 뭔가 여성스러운 걸 해야지. 여자아이가!

— 그럼 무용할게요. – 희망을 잃고 점점 작아지는 목소리로 아이가 마지막 탭을 연다.

— 그건 너무 늦게 끝나잖니. 엄마가 찾은 것 좀 볼래? 집에서 가깝고 무료인데다 두뇌 개발에도 정말 좋대. 체스 학원이야. 게다가 끈기도 기를 수 있어. 너한테 유용하지. 엄마가 이미 원장님과 이야기도 다 했어.

√ "하고 싶은 걸 골라 봐." 아이에게 얼마나 많은 희망을 주며 시작했는가…. 처음부터 선택의 범위를 정하는 게 더 공정했을 것이다.

어느 정도 떨어진 거리, 한 달에 얼마 이하, 몇 시 전에 끝나야 하는지 등. 그리고 이 조건에 맞는 선택은 받아들이는 것이다.

아무것도 하고 싶어 하지 않는 아이

아이가 배울 것을 부모가 단독으로 결정하면 아이가 저항할 가능성이 커진다. 분명하게 "싫어! 안 할 거야!"라고 하거나 아니면 그 날마다 심리적인 신체현상을 일으켜 머리나 배, 또는 왼쪽 발뒤꿈치가 아플 것이다.

그러나 "다른 거 하고 싶어."와 "아무것도 하기 싫어."는 구별해야 한다. "다른 거 하고 싶어."는 아이에게 이미 형성된 관심과 의욕이 그 바탕에 있다. 반면에 "아무것도 하기 싫어."의 바탕에는 무관심과 무기력이 있다. 만일 아이가 아무것도 하고 싶어 하지 않는다면 부모가 뭔가를 하도록 만들어야 한다. 부정적인 뜻으로 하는 이야기가 아니라, 아이를 즐겁게 해 주고, 연령에 맞는 다양한 장소와 행사에 데려가고, 부모의 관심사를 아이에게도 전파하라는 것이다. 아이와 함께 하고 싶은 것들을 찾아라. 부모가 좋아하는 취미가 있다면 아이도 충분히 이 취미를 함께 즐길 수 있다.

또한 "여기 다니고 싶어."와 시시때때로 바뀌는 "가고 싶어(혹은 가기 싫어)."를 구별해야 한다. 부가 활동이라고 해서 그때그때 기분에 좌우되어서는 안 된다. 선택이 이루어진 후에는, 더욱이 아이가 직접 선택을 했다면 그 후에는 책임감을 가지고 다녀야 한다. 아무리 가기 싫다고 하더라도 늦거나 빠져서는 안 된다. 이런 경우라면 부모가 적절한 시간에 곧 수업이 있다고 아이에게 알려 주고 책임감을 일깨워 주어야 하며, 나아가 아이가 준비를 하고 제시간에 출발하도록 강제할 필요도 있다. 결석을 하면 어떤 일이 벌어지는가? 수업을 몇 차례 빠지면 그룹 내 다른 학생들보다 뒤처지기 시작한다. 수업에서 할 줄 모르는 것이 생기고 못 알아듣는 것들이 생기면서 다른 아이들보다 못한 결과를 내게 된다. 뒤처지는 것은 불쾌한 일이고 그걸 따라잡기란 쉬운 일이 아니다. 그래서 아예 그만두고 싶은 유혹이 생긴다.

아이가 더 이상 수업에 가지 않겠다고, 음악, 미술 등 각종 학원이나 과정을 그만두겠다고 단호하게 주장할 때에는, 더군다나 애초에 이것을 선택한 게 아이였다면 어떻게 대응하는 것이 좋을까? 무엇보다 우선 원인을 파악해야 한다. 특히 아이가 다니는 학원이나 관심사가 자주 바뀌고 있다면 더욱 원인부터 파악해야 한다. 어쩌면 단순히 아이가 모든 걸 시도해 보고 싶은 것일 수도 있다. 수영을 배워 봤으니 됐다, 다른 걸 해 보자, 요즘 시내에 스케이트장이 많으니 스케이트를 배워 볼까, 봄이 와서 눈이 녹으면 승마를 하기에 제일 좋은 계절이고…등등. 이 같은 '흔들림'은 아무 문제가 없다. 아이가 하나하나 시도하고 경험하게 하라. 이 경우 아이의 발전은 수직적(점점 좋아지는 것. 특정 능력이 지속적으로 단련되며 완성되어 가는 것)이 아니라 수평적(점점 넓어지는 것. 다양한 능력들이 쌓이는 것)으로 이루어진다. 수평적 발전이 수직적 발전보다 더 좋거나 더 나쁜 것은 아니다. 이 둘은 그저 다를 뿐이고 어떤 발전이 이루어지는지는 성격에 달려 있다. 특정한 지식 분야에 몰입하는 사람들은 한 분야의 전문가가 된다. 반면에 지식의 깊이보다는 다양한 멀티태스킹을 선호하는 사람들도 있다. 이런 사람들을 가리켜 폭넓은 견문을 가졌다고 일컫는다.

> 아이가 더 이상 수업에 가지 않겠다고, 음악, 미술 등 각종 학원이나 과정을 그만두겠다고 단호하게 주장할 때에는, 대체 어떻게 대응해야 할까?

그러나 "하기 싫어"라는 말 뒤에 다른 활동을 해 보고 싶은 자연스러운 관심만 숨어 있는 게 아닐 수도 있다. 수업에 참석하기를 거부하는 원인이 좌절 상황이나 심리적인 불편함일 수 있다. 어떤 사람들은 어려움을 이런 식으로 회피하려고 한다. 처음에는 신이 나서 하다가 해야 할 게 늘어나고 필요한 게 많아지면 게으른 아이는 그만두고 싶어 한다…. 항상 1등을 하는 게 중요한 아이들은 갑자기 강력한 경쟁자가 나타나 그 아이가 더 칭찬을 받기 시작하면 모두 포기하고 그만두고 싶어 한다. 또래 아이들과의 상호 관계에서 오는 어려움도 이유가 될 수 있다. 어떤 아이들은 코치나 강사를 그냥 싫어하기도 한다. 이러한 심리적인 문제는 학원이나 반을 바꾸는 것으로 해결되지 않는다. 어디에서든 상황이 반복될 수 있기 때문이다. 그러므로 부모는 아이가 어려워하는 상황에서 어떻게 벗어날 수 있을지, 아이가 무엇을 바꿀 수 있을지, 그리고 만일 아이가 더이상 견딜 수 없는 상황이 되어 버렸다면 학원을 그만두는 것 외에 다른 방법은 없는지 등을 아이와 함께 생각해 보아야 한다. 이때 부모는 아이에게 한 달만 더 다녀 보게끔, 이 한 달 간 어떻게든 문제를 해결하고 어려움을 극복해 보게끔 할 수도 있다. 어쩌면 이 기간 동안 아이가 생각을 바꿔 계속 다니겠다고 할 수도 있다…. 결과가 무엇이든 다 좋다. 그만두겠다는 결정이 충동적으로 나온 것이 아니라 깊이 생각하고 숙고한 뒤에 내려지는 것이므로.

　반면에 어디든 다니는 것 자체가 싫은 아이들도 있다. '내향형'이라고 불리는 성격이다. 폐쇄적인 성격을 가진 이들은 집 밖으로 나가지 않고도 그림이나 뜨개질, 공예, 납땜, 프로그래밍, 실험 등에 열중하고 즐길 수가 있다. 이것은 "아무것도 하기 싫어."와는 전혀 다르다. 그저 "모든 걸 집에서 하고 싶어."이다. 당신의 아이가 그러한가? 그렇다면 집에서 하게 하라!

자기결정능력

교사가 이끄는 초등학생 무리가 학부모들에 에워싸여 있다.
— 자, 이제 마음속으로 소원을 생각하면서 선생님이 셋을 세면 풍선을 하늘로 날리는 거야!
— 엄마, 내 소원은 이 풍선을 갖는 거예요. 다른 소원은 없어요. 알렉산드르가 아이들에게서 떨어져 나왔다.
— 그래, 그것도 가능하지. 그것도 네 소원이니까. — 나는 이렇게 대답해 주었다.

― 하나! 둘! 셋! ― 선생님이 지시한다. ― 풍선을 아직 안 날린 친구가 있니? 어서 날려! 어서!

― 고마워요, ― 풍선을 꼭 쥐고 아들이 말한다. ― 내 소원은 모두 이루어졌어요.

우리는 풍선을 들고 집으로 향했다.

'자기결정'이라는 단어는 그 자체로 '내가 스스로 나 자신을 정한다'는 뜻을 가지고 있다. 내가 내 퍼스낼리티를 정한다는 뜻이다. 다음과 같은 질문들을 통해서.

- ✓ 나는 무엇을 원하는가, 무엇을 원하지 않는가,
- ✓ 내게 필요한 것은 무엇인가, 필요하지 않은 것은 무엇인가,
- ✓ 나는 무엇을 좋아하는가, 무엇을 좋아하지 않는가,
- ✓ 나는 무엇을 할 수 있는가, 할 수 없는가,
- ✓ 내가 가진 것은 무엇인가, 가지지 않은 것이 무엇인가

독립적인 사람은 퍼스낼리티 경계가 명확하고 견고하다. 자신의 퍼스낼리티 경계가 침범을 당하면 지켜낼 줄 알고, 다른 사람의 퍼스낼리티 경계를 침범하지 않도록 자신을 통제할 줄도 안다.

부모가 아이에게 반드시 심어 주어야 하는 메시지가 있다. 이 메시지는 두 부분으로 되어 있다.

1. 너에게는 너의 바람, 너의 생각, 너의 영역에 대한 권리가 있다.
2. 다른 사람에게는 자신의 바람, 자신의 생각, 자신의 영역에 대한 권리가 있다.

이때 1과 2는 전적으로 동등하고 동일한 부분이라는 것을 반드시 기억해야 한다.

전적으로 동등한 두 부분.

만일 아이가 이 메시지 가운데 앞부분만 습득하거나 뒷부분만 습득한다면 불행한 일이 벌어진다.

앞부분만 습득한 아이는 주위 사람들과 잦은 갈등을 일으킬 것이고, 뒷부분만 습득한 아이는 내면적인 갈등과 좌절감을 느끼게 될 것이다.

* * *

"이건 내 풍선이야. 난 이걸 갖고 싶어. 그러니 날리지 않을 거야."

→ 난 내 퍼스낼리티 경계 내에서 행동하며, 나 자신에게 충실하다.

"난 풍선을 날리고 싶지 않지만 다른 사람들이 다 날리니 나도 날려. 하지만 이건 나를 슬프게 해"

→ 나는 내 바람을 거슬러 행동한다. 내 퍼스낼리티 경계를 무너뜨린다.

"저 사람도 풍선을 날리지 못하게 할 거야."

→ 다른 사람의 퍼스낼리티 경계를 무너뜨린다.

"나는 풍선을 날렸는데 저 사람은 자기 풍선을 날리지 않아. 저 사람에게 화가 나."

→ 나와 다른 사람 사이의 퍼스낼리티 경계를 지운다.

친구 선택하기…

초등학교 입학 준비 프로그램이 진행되고 있다. 실제 교실에서 실제와 비슷한 수업을 하고 쉬는 시간도 주어진다. 아이들이 시끄럽게 떠들며 복도로 우르르 나온다. 진짜 초등학교와 다른 점은 복도에 부모들이 서 있다는 것뿐이다. 부모에게는 아이들끼리 쉬는 시간에 무엇을 하는지 관찰할 수 있는 기회이다.

첫 달이 끝나갈 무렵 아이들은 이미 서로를 잘 알고 있었고, 일부는 절친한 친구가 되어 있었다. 끼리끼리 어울리며 소식도 나누고 이야기를 주고받았다. 여자아이 하나가 다른 여자아이에게 다가가 새 장난감을 보여 주려고 했지만, 그 아이는 또 다른 아이에게 신나게 이야기를 하던 중이어서 관심을 보이지 않았다. 그 아이는 자기 앞으로 내민

장난감을 밀쳐 내며 "저리 가." 하고 말했다. 이 장면을 '모욕당한' 소녀의 엄마가 지켜보고 있었다. 엄마는 자기 딸을 불러 가혹한 판결을 내렸다. "저 아이가 너한테 뭐라 그랬니? 저리 가라고? 너 이제부턴 저 아이 옆에도 가지 마! 너한테 함부로 굴었으니 쟤랑 놀지 말라고! 알겠니?"

쟤랑 놀지 마! 그 다음엔 얘랑 놀지 마, 또 그 다음엔 개랑 놀지 마, 그러다가 필경 "모두 나빠, 아무하고도 놀지 마."가 된다. 그렇게 몇 년이 흐르면 "엄마, 엄마가 아무하고도 놀지 말라 그래서 내가 이렇게 외톨이가 되었잖아요!" 할지도 모른다. 물론 다소 과장한 이야기이다. 하지만 아이의 교제를 부모가 금지하는 것은 결코 좋은 방법이 아니다.

그렇다면 어떻게 하는 게 좋을까? 그 상황에서 딸은 어떤 기분이 들었는지, 그걸 본 엄마는 기분이 어땠는지, 그리고 장난감을 보여 주려던 행동 때문에 대화를 중단당한 그 아이의 기분은 어땠을지에 대해 아이와 이야기해 보는 것이 좋다. 엄마의 기분은 쉽게 이해가 된다. 엄마에게는 이 장면이 "내 아이를 함부로 대하는" 것으로 여겨져 불쾌했을 것이다. 딸아이의 기분을 이해하는 건 이보다 조금 어렵다. 엄마는 여기서 생각할 것이 많다. 딸이 근본적으로 원했던 것이 무엇인가? 친구의 관심을 *끄*는 것이었을까? 바로 그 친구의 관심을 *끄*는 것이었을까? (이 두 문장의 차이가 느껴지는가?) 아니면 그저 새 장난감을 자랑하고 싶었던 것일 뿐, 그 대상이 누구든 관계없었던 걸까? 왜 딸아이는 바로 그 아이들의 대화에 끼어들기로 한 걸까? 공격적인 행동을 유발하지 않도록 좀 더 세심하게 접근할 수는 없었을까? 이 같은 경우가 처음인가 아니면 비슷한 일이 종종 일어나는가? 사건이 이미 벌어진 후에는 어떻게 대응해야 했을까? "너나 저리 가." 하고 소리를 질러야 할까? 아니면 "방해해서 미안해. 하지만 그렇게 무례하게 이야기하지는 말아 줘."라고 해야 할까? 아니면 그냥 어깨를 한 번 으쓱하고 다른 친구들에게 가는 게 좋을까? 이 모든 것을 아이와 함께 이야기하면서 결론을 이끌어낼 수 있다. 이런 방식으로든 다른 방식으로든 누구와 놀고 어떻게 행동할지는 아이가 스스로 결정하게 하라.

* * *

세몬에게는 유치원 친구가 하나 있었다. 편의상 알렉세이라고 부르자. 그 아이의 실제 이름이기도 하니까. 세몬은 좋아하는 친구의 이름을 따 자기 고양이도 알렉세이라고 불렀다. 그러나 세몬의 절친은 변덕스러운 아이였다. 어느 날 갑자기 "나 이제 너랑 안 놀아." 하고 가 버리고는 세몬과 놀지 않았다. 그러다 다음날이면 아무 일 없었다는 듯이 다시 세몬에게 와 함께 놀았다.

세몬의 엄마는 이런 알렉세이에 대해 나에게 몇 번 불평을 했다.

― 생각해 봐, 세몬을 데리러 유치원에 갔더니 알렉세이가 또 안 놀아 준다고 세몬 혼자 베란다에 앉아 있는 거야. 이 알렉세이라는 애는 마치 "이제 너랑 안 놀아." 해 놓고 우리 아들이 어떻게 반응하는지를 보면서 즐기는 것 같아. 난 정말 알렉세이랑 놀지 말라고 하고 싶어! 대체 몇 번을 이러는지!

― 네가 엄마니까, ―내가 말했다. ―그렇게 할 수 있어. 부모의 권한이니까. 하지만 문제는 알렉세이가 그렇게 행동을 하는데도 세몬은 그 아이랑 놀고 싶어 한다는 거지. 이런 상황에서 네가 그 아이와 놀지

말라고 하면, 세묜은 알렉세이랑 놀지 않는다고 네게 거짓말을 하거나 아니면 진짜로 알렉세이랑 놀지 않으면서 그것 때문에 속상해하고 너를 원망할 수도 있어. 그러면 세묜은 자기를 불쾌하게 만드는 관계를 어떻게 다뤄야 하는지를 배우지 못할 거야.

― 그러면 어떻게 해야 해? 아이가 힘들어하는 걸 계속 지켜봐야 해?

― 그냥 지켜보는 게 아니야. 대화를 해 봐야지. 이 상황을 함께 얘기해 봐. 나라면 아들에게 이건 뭔가 친구답지 않다고, 진정한 친구는 이런 식으로 행동하지 않는다고, 그리고 친구를 믿을 수 없는 상황은 결코 좋은 것이 아니라고, 진짜 사나이라면 한결같아야 한다고 말해 주겠어. 다른 아이들도 눈여겨보라고 충고해 줘. 좀 더 믿을 만한 다른 친구를 찾을 수 있다는 암시를 주는 거지.

내 친구는 아들과 대화를 나눴다. 그리고 2~3주가 흘렀다. 친구는 내게 전화를 걸어 세묜이 유치원에서 포마라는 아이와 재미있게 놀았던 이야기를 점점 더 자주 들려준다고 이야기했다.

> 쟤랑 놀지 마! 그 다음엔 얘랑 놀지 마, 또 그 다음엔 걔랑 놀지 마, 그러다가 필경 "모두 나빠, 아무하고도 놀지 마."가 된다.

* * *

유치원에서 보육교사로 일할 때 우리 반에도 균형이 깨진 친구 관계가 있었다. 여자아이들이었는데 한 아이는 항상 명령을 하고 다른 아이는 그 말을 따랐다. 마리나(따르는 아이)의 부모는 못된 친구로부터 딸을 떼어놓기 위해 반을 옮겼다. 그러나 새 반에서도 마리나는 다른 아이와 비슷한 관계에 놓였다. 그 아이가 명령하면 마리나는 그대로 했다. 명령받는 역할에 놓이도록 관계를 만들어간 것은 마리나 자신이었다.

* * *

아이가 괴로운 상황으로부터 벗어나는 법을 스스로 배우지 못한다면, 그래서 내적 변화가 일어나지 않는다면 같은 상황이 거듭될 가능성이 매우 높다. 이때 '스스로'라는 것은 '어떻게든 해결할 거야.'라고 하면서 아이가 혼자 문제를 해결하도록 내버려 둔다는 뜻이 아니다. 결코 그런 뜻이 아니다. 이는 또래 아이들과 관계를 만드는 과정에 부모가 조언자로 참여해야 한다는 뜻이다. 아이의 말을 경청하고 공감하고, 부모의 경험과 생각을 이야기해 주고, 다른 해결 방안을 제시해 주는 것이다. 다만 권위적인 방법으로 아이를 대신해서 문제를 해결하려고 해서는 안 된다.

… 그리고 이성친구 선택하기

물론 이것은 다른 연령 대의 이야기지만 어쨌거나 당신의 아이에게도 이 시기가 온다. 그리고 이 시기는 새로운 문제들을 가져온다.

나탈리야의 부모는 딸이 니콜라이라는 남자아이와 만나지 못하게 했다. 니콜라이는 소위 불량 청소년이었다. 퇴학을 당했고, 열다섯 살에 벌써 집행유예까지 받았다. 하지만 미남이었다. 열네 살 소녀가 첫사랑에 빠지기에 뭐가 더 필요하겠는가. 니콜라이가 관심을 몇 번 보여

제3장_ 독립적인 아이에서 독립적인 어른으로   203

주자 나탈리야는 그가 왕자로 보였다.

반면에 나탈리야의 부모에게 니콜라이가 왕자로 보일 리가 없었다. 나탈리야가 공원에서 "이놈의 니콜라이"와 있었다는 이야기가 들려오면 으레 "대체 넌 생각이 있는 거니?!" 하는 질책과 "걔가 어떤 앤지 알고나 있니?" 하는 탄식이 뒤따랐다. 엄마와 할머니는 일부러 보란 듯이 심장약을 먹기도 했다. 그 뒤엔 통금 조치가 내려지고 부모가 등하굣길을 함께했다.

> 아, 니콜라이와 만나기 시작했을 때 부모님이 그토록 강경하게 개입하지 않았더라면 모든 게 달라졌을 거예요.

니콜라이는 이런 골치 아픈 것들이 싫었다. 그에게는 지적인 능력도 낭만적인 면도 없었다. 나탈리야가 "우리 사랑을 위해" 무엇을 할 것인지 길게 적어 친구를 통해 전달한 편지를 읽고서도 니콜라이는 이빨 사이로 침을 찍 뱉으며, 이런 정신 나간 부모의 딸 말고도 세상에는 여자가 많고 많다고 말했을 뿐이었다. 니콜라이의 친구는 이 말을 나탈리야에게 그대로 전했다. 나탈리야는 모든 것을 부모의 탓으로 돌렸다. 특별한 행동을 했던 것은 아니다. 나탈리야는 니콜라이와 편지를 주고받으려고 했던 사실을 감추고 부모로부터 마음을 닫아 버렸다. 부모를 더이상 신뢰하지도 않았다. "자신의 이 모든 불행이 부모로 인해 생겼기" 때문이었다. 청소년기 특유의 극단적 사고가 부모를 향했다. 나탈리야와 부모는 오랫동안 관계를 회복하지 못했다.

나탈리야는 불행했던 첫사랑을 이후 몇 년이나 잊지 못했다. 그러다 대학에 들어가 불량스러운 선배와 분별없이 사랑에 빠졌다. 그 선배는 술을 먹고 난동을 부려 기숙사에서 대여섯 번 쫓겨났지만 그때마다 아버지의 인맥과 재력 덕분에 기숙사로 다시 돌아온 사람이었다. 한 달 뒤 사랑이 깨졌다. 이 청년과는 함께 나눌 대화 거리조차 없었다. 유머 감각도 없었고 매일 뻔한 이야기도 재미없었다. 둘은 공통의 관심사를 찾을 수가 없었다. 선배는 일전에 싸우다가 부러져 이가 몇 개 없었는데 나탈리야에게는 이것이 매력적으로 느껴지지도 않았고, 얼마 지나지 않아 오히려 거슬리기 시작했다.

나탈리야가 나에게 상담을 받으러 왔다. 나에게 오기 전에 이미 나탈리야는 정확한 판단을 내리고 있었다. 심리학자를 찾아온 건 실연 때문이 아니었다. 나탈리야는 자신이 어렸을 때의 관계를 되찾으려고 했다는 걸 깨달았다. 니콜라이의 대체를 찾아내 이번에는 자기가 그를 버린 것이었다.

나탈리야는 휴지를 뭉쳐 쥐고 흐느껴 울었다. 아, 니콜라이와 만나기 시작했을 때 부모님이 그토록 강경하게 개입하지 않았더라면 모든 게 달라졌을 거라고 했다. 오히려 자신이 니콜라이에게 금방 싫증을 냈을 수도 있다고 했다. 니콜라이가 실제로 어떤 사람인지 깨달을 기회조차 없었기 때문에 그 후 몇 년 동안이나 슬퍼했던 것이라고 했다. 자신의 환상을 애도했다는 표현이 더 맞을 것이다. "얼마나 많이 울었는지 몰라요! 얼마나 가슴이 아팠는지 몰라요! 몇 년을 힘들어했는지 몰라요! 이게 다 누구 때문이었나요?! 부모님이 그와 만나는 걸 금지하지 않고 그가 실제로 어떤 사람인지 내가 스스로 빨리 깨닫도록 도와줬더라면 얼마나 좋았을까요!"

그녀의 말이 옳다. 그리고 부모님이 그렇게 하지 않은 것이 안타깝다.

독립성과 도덕

아이에게 도덕성을 심어 주지 않으면서 독립성을 키워서는 안 된다. 이는 위험한 일이다. 자기 자신과 자신의 힘에 대한 믿음, 독립적인 행동 능력을 아이에게 심어 줄 때에는 반드시 가치체계라는 나침반을 함께 심어 주어야 한다. 이것이 없다면 아이의 행동은 도덕적 원칙과

책임감이 아닌 다른 것들의 지배를 받게 된다.

　아이의 정신적, 신체적, 도덕적 발달 간에는 균형이 있어야 한다. 만일 부모가 아이의 정신과 신체의 발달에만 중점을 두면 그 결과는 아름답고 똑똑하고 자아도취에 빠진 이기주의자이다. 그는 언제나 주위 사람들, 특히 부모로부터 끝없이 받으려고만 들 것이다.

　어쩌면 이것도 그 개인에게는 좋은 게 아니냐고 생각하는 사람도 있을 것이다. 실제로 이기주의자들은 자기가 생각한 것을 어떤 식으로든 이루려고 한다. 게다가 그를 막을 윤리·도덕적 규범도 없다. 이 '자유로운 개인'은 자기가 좋은 대로 살아간다…. 여기까지는 괜찮을지도 모른다. 이 '좋은 대로'가 타인의 이익과 충돌하기 전까지는. 아, 아이에게 도덕성을 길러주지 않으면 아이는 가까운 이들 그리고 주변 사람들의 욕구를 묵살한다. 이것은 단순히 마음 아픈 정도를 넘어 심각한 결과를 초래하기도 한다.

　"남이 너에게 해 주기를 바라는 그대로 남에게 해 주어라."라는 황금률이 있다. 기억하기도 쉬운 법칙이다. 그러나 자녀 교육의 목적은 단순히 도덕이 무엇인지를 알려 주는 것이 아니라 도덕 규범에 맞춰 행동하도록 하는 것이다. 정직함이 무엇인지를 알려 주는 것이 아니라 정직한 사람이 되도록 하는 것이다. 아이가 선한 일을 수행하도록 시키는 것이 아니라 아이가 스스로 선한 일을 행하고 여기에서 기쁨과 만족을 느끼도록 하는 것이다. 이것은 자신의 행동을 주위 사람의 감정과 연관시키고, 타인의 입장에서 생각할 수 있으며, 타인의 욕구와 행동의 동기를 이해할 수 있는 발달된 능력을 말한다. 이것은 자신의 욕구와 주위 사람의 욕구를 조화시켜야 한다고 느끼는 내적 능력이다. 또한 이것은 타인과, 타인의 퍼스낼리티 경계, 그리고 타인의 욕구와 소유물에 대한 존중을 의미한다.

존중은 퍼스낼리티 경계라는 주제와 직접적으로 연결되어 있다. 이러한 공식이 존재하는 것이다.

 ✓ 존중 = 타인에게 해를 끼치지 않는 것 = 타인의 퍼스낼리티 경계를 넘지 않는 것.

어떻게 아이를 존중할 것인가? 어떻게 아이에게 타인을 존중하고 자신을 존중하도록 가르칠 것인가? 방법은 간단하다. 자신만의 바람과 욕구, 취향을 가지고 있는 아이의 퍼스낼리티를 인정하는 것이다. 다시 말해 아이의 퍼스낼리티 경계를 지켜 주는 것이다. 나는 나고, 아이는 아이다. 아이는 나의 후속편이 아니라 자유롭고 독립된 개인이다. 아이는 나의 기대에 부응하고 나의 소망과 함께해야 할 의무가 없다. 나는 아이의 부록이 아니라 독립된 개인이다. 부모는 아이의 요구와 바람을 모두 들어주고 만족시켜 줘야 할 의무가 없다. 다시 한번 강조하지만 나는 나고, 아이는 아이다. 그러므로 부모와 아이 모두에게 좋도록 하는 것이 중요하다.

물론 아이가 아직 어릴 때는 퍼스낼리티 경계가 흐릿하다. 세 살짜리 아이가 "나 점퍼 입기 싫어!"라고 소리친다면 아이는 "하기 싫어."라는 말을 통해 자신의 퍼스낼리티 영역을 표현하는 것이다. 그러나 밖은 춥다. 아이가 병이 나면 엄마가 아픈 아이를 돌보아 주어야 한다. "엄마는 널 데리고 의사를 만나러 뛰어다니고 병원에 있고 그러고 싶지 않아! 얼른 점퍼 입어!" – 이때 엄마에게도 역시 "하기 싫어."가 있다. 그리고 엄마에게 의존하는 동안 아이는 자신의 퍼스낼리티 경계가 모호한 것을 견뎌야 한다.

"나 응가하고 싶어!" 세 살 난 아이가 탈의실로 고개를 내밀고 엄마에게 말한다. 엄마는 '이 옷을 입어 보고 싶어.'를 제쳐 놓고 가장 가까운 화장실을 찾아 아이를 안고 쇼핑센터에서 뛰어야 한다. 아이가 엄마에게 의존하는 동안에는 엄마 역시 퍼스낼리티 영역이 침범당하는 것을 견뎌야 한다.

독립성이 형성되어 갈수록 아이의 퍼스낼리티 경계도 차차 또렷해지고 견고해진다. 10대 아들이 "나 모자 쓰기 싫어. 밖에도 따뜻하고 친구들도 다 모자 안 쓴단 말야."라고 하면 엄마가 이 주장을 꺾을 수 있을까? 물리력으로 강제할 수 있을까? 아마 못할 것이다. 부모의 권위로 강요하는 건 어떨까? 억지로 모자를 씌우는 건 어떨까? 효과가 없을 것이다. 아들은 현관을 나서며 모자를 벗어 버릴 것이다. 그러나 엄마에게는 자신의 퍼스낼리티 경계를 보호하는 것이 중요하다. 그러므로 이렇게 말할 것이다. "좋아, 만약을 대비해 미리 말해 두겠어. 그러다가 감기에 걸리면 감기약은 네 용돈으로 사야 할 거야." 이것은 아이의 바람을 존중하는 것이다. 아이의 독립적인 결정권을 존중하는 것이다. 그러나 권리와 함께 아이에게는 책임이 부여된다.

* * *

– 딸아이는 자기 물건을 정돈하지 않아요! 물건들이 늘 침대 아니면 바닥에서 굴러다녀요!

― 하지만 이건 내 방이야! 내 물건이고!

상담을 받으러 온 엄마와 12살 난 딸이 집에서부터 시작된 언쟁을 날카로운 목소리로 이어간다.

"여긴 내 방이야! 이건 내 물건이야!"라는 딸의 말은 옳다. 이를 통해 딸은 물건을 어떻게 둘지 스스로 결정할 권리와 퍼스낼리티 영역을 이야기하는 것이다.

나는 엄마에게 질문했다.

― 물건이 정돈되어 있는 게 엄마에게는 왜 중요한가요?

― 물건이 망가지잖아요! 물건을 그렇게 다루면 금방 못쓰게 돼요. 새로 산 스웨터를 침대에 던져 놔서 고양이가 그 위에서 뒹굴고 자는 걸 어떻게 봐요. 옷을 의자에 걸쳐 두면 죄다 구겨져요. 고양이는 그걸 잡아뜯고요. 딸은 학교에서 돌아오면 옷도 갈아입지 않고 곧바로 주방으로 와 밥을 먹어요. 그럼 내가 나중에 옷에 튄 기름 얼룩들을 지워야 한다고요! 매달 딸아이 옷에 들어가는 돈이 얼마인 줄 아세요? 난 그 반만큼도 내 옷을 사지 않아요!

스스로는 인지하지 못하고 있지만 엄마는 딸이 엄마의 퍼스낼리티 영역을 침범하고 있다는 걸 분명하게 느끼고 있다. 즉 "난 얼룩을 세탁하고 싶지 않아."와 "나를 위한 새 옷을 사고 싶어."라는 엄마의 지향이 침범당하는 것이다. 바로 여기에서 갈등이 시작된다. 딸이 자신의 행동으로 엄마의 경계를 넘고 있기 때문에, 엄마도 불만을 갖고 딸의 경계를 넘고 있다. 둘 사이의 경계가 무시되고 있다. 그 경계를 다시 세울 수 있을까? 딸의 "교복을 입은

다시 한 번 강조하지만 나는 나고, 아이는 아이다. 그러므로 부모와 아이 모두에게 좋도록 하는 것이 중요하다.

채로 밥 먹고 싶어."와 엄마의 "교복 얼룩을 지우고 싶지 않아."를 동시에 충족시킬 수는 없을까?

이럴 때에는 규칙을 도입하라. "교복을 입고 먹어도 돼. 하지만 음식을 흘리면 세탁은 네가 하는 거야." 그리고 얼룩제거제를 어떻게 사용하는지 보여 주어라.

딸의 "치마를 옷걸이에 걸기 싫어."와 엄마의 "매일 아침 딸의 치마를 다리고 싶지 않아."는 어떻게 공존시킬 수 있을까?

딸에게 다림질하는 법을 가르쳐라. 그리고 규칙을 도입하라. "치마를 옷장에 잘 걸어 놓지 않으면 아침에 학교 가기 전에 네가 다림질하는 거야."

딸의 "이건 내 물건이야."와 엄마의 "이건 내 돈이야."는 어떻게 해야 할까?

예컨대 반 년에 한 번 정도, 아이 옷에 얼마를 쓸 수 있는지 함께 이야기하라. 옷을 새로 사야 하는데 예산이 없다면 가지고 있는 옷을 끝까지 입어야 한다.

— 만약에 터지고 구겨지고 얼룩진 옷도 괜찮다고 하면요? 그건 엄마의 이미지를 망치는 거라고요!

여기서도 타협점을 찾아낼 수 있다. 딸에게는 자신을 어떻게 표현할지를 스스로 결정할 권리, 특히 자신이 입은 옷을 통해 자신을 표현할 권리가 있다. 만일 딸이 선택한 이미지가 찢어진 청바지, 구겨진 블라우스, 앙고라 양털과 고양이 털이 뒤섞인 스웨터라면 그렇게 입게 하라. 단 정해진 장소에서만. 예컨대 또래 아이들과 패스트푸드점, 영화관 같은 곳을 간다든가 집 앞 벤치에서 친구를 만난다든가 또는 친구들과 공원에 산책을 갈 때 등이다. 반면에 친척들이 모두 모이는 가족 행사나 학교, 엄마의 친구들과 함께 가는 전시회, 친지들과 함께하는 휴가 등에 딸이 누더기를 입고 나타나면 정말로 엄마의 이미지가 타격을 입을 수 있다. 엄마와 동행하여 외출할 때 입을 옷과 혼자 나갈 때 입을 옷을 각각 따로 마련하여 섞이지 않도록 하라.

주의! 반드시 이렇게 해야 한다는 뜻은 아니다. 모든 여학생이 두 부류의 옷을 가질 필요는 없다. 이것은 퍼스낼리티 경계를 도입하는 예일 뿐이다. 발단이 되는 상황이 모두 다를 것이고, 각자가 원하는 것도 모두 다를 것이다. 그 다름에 대해 이야기하고 협의하라.

자신의 "하고 싶어, 그러니까 이렇게 할 거야."가 타인의 "하고 싶어."를 다치게 하는 때를 아이가 깨닫도록 가르치는 것이 중요하다. 그런 상황이 발생한다면 "하고 싶어."의 경계를 다시 한 번 살펴보고 타협점을 찾아야 한다.

누가 문제를 해결할 것인가

학교 가방 속 신발 주머니가 비어 있다. 실내화가 없다. 있어야 하는데….

— 신발 어디 있니?

— 몰라요. –아이가 어깨를 으쓱한다.

나는 왜 이런 상황이 벌어졌는지 훤히 알 것 같지만 입 밖으로 내지는 않는다. 지겨운 질문을 또다시 시작한다.

― 너 오늘 집에서 실내화 꺼냈니?

― 아니요.

― 그럼 학교에서는 신발을 갈아 신고 다녔니?

― 네.

― 그러면 학교에서는 실내화가 있었구나?

― 네.

― 집에 올 땐 뭘 신고 왔어?

― 장화요.

― 그리고 집에는 빈 주머니를 들고 왔네. 실내화 어디 있니?

― 학교에 있나 봐요!

― 학교 어디?

― 몰라요.

― 생각 좀 해 봐. 학교에서 맨발로 다녔어?

― 당연히 아니죠.

― 하지만 넌 신발을 주머니에 넣지 않았어. 그 말은 곧 네가 신발을 갈아 신은 곳에 실내화가 있을 거라는 거지.

― 외투 보관소! 내일 가 볼게요!

― 좋아. 그런데 만일 거기에 없으면? 저녁에 바닥을 닦으면서 누가 치웠을 수도 있잖아.

― 외투 보관소 아주머니께 여쭤 볼게요. 어쩌면 그 아주머니가 어딘가로 치웠을 수도 있잖아요?

― 내일 수업 전에 물어볼 수 있겠어?

> 딸의 "치마를 옷걸이에 걸기 싫어."와 엄마의 "매일 아침 딸의 치마를 다리고 싶지 않아."는 어떻게 공존시킬 수 있을까?

― 할 수 있어요.

― 실내화를 못 찾으면 어떻게 할 거야? 그러면 내일 학교에서는 뭘 신고 있을래?

― 그럼 샌달을 가져갈게요.

아이는 생각했고, 해결책을 찾았고, 내일 그것을 실천할 것이다. 나에게는 물론 화나는 일이다. 지난 주에는 장갑을 잃어버렸었다. 게다가 2주 전에는 스웨터 없이 집에 왔다. 1학년생들 부모가 왜 학교 현관에서 직접 옷을 갈아입히는지 이해하고도 남는다. 부모가 모두 관리하면 옷을 잃어버릴 일도 없다. 그러나 물건들을 잃어버리지 않는 대신 아이가 독립성을 배우지 못한다. 아이는 자신의 물건에 대한 책임감을 가질 수 없게 된다.

* * *

― 나 또 잃어버렸어요….

― 이번엔 뭘?

― 학교 출입증이요.

― 어쩌다가?

― 어디에 흘린 것 같아요. 책가방 옆주머니를 잠그는 걸 깜빡했어요. 아니면 아침에 옷 갈아 입으면서 탈의실 벤치에 두고 온 것 같아요. 학교에서 흘렸으면 당직실에 물어보면 돼요. 보바도 전에 잃어버렸는데 선생님이 당직실 경비아저씨한테서 받아 오셨거든요. 출입증을 주우면 항상 경비아저씨에게 가져오니까요. 내일 물어봐야겠어요. 이름 써 놨으니까 바로 알아볼 수 있을 거에요.

바로 이렇게, 아이는 벌써 '어디에서 잃어버렸을까?'와 '어떻게 되찾을까?'라는 질문을 놓고 스스로 답을 생각하기 시작했다. 과거의 분실 경험이 쓸모없는 건 아니었다.

— 좋아, 그런데 전자 출입증 없이 내일 학교에 어떻게 들어가? 차단기를 어떻게 지나가지?
— 출입증 있는 사람한테 같이 통과시켜 달라고 부탁해 볼래요.
— 좋아, 그런데 출입증이 당직실에 없으면 어떻게 할 거야?
— 선생님께 말씀드려야죠. 새 출입증 만드는 법을 여쭤 볼래요.
— 그래. 만일 내 도움이 필요하면 이야기해.

아들은 물건을 분실했던 값진 경험들을 통해 문제 해결 능력을 키웠다. 물론 직접 해결책을 찾아보도록 부모가 아이에게 기회를 주었을 때의 얘기다. 물건을 분실하는 것이 항상 값진 경험이 되는 것은 아니다. 아이가 독립성을 발휘할 기회를 주지 않고, 아이가 스스로 생각하고 행동할 기회를 주지 않고, 부모가 곧바로 도와주며 물건을 찾으러 달려들면 분실은 그저 분실로 남을 뿐이다.

또 다른 극단도 있다. "네가 잃어버렸으니 네가 해결해! 네가 찾아보고 싶은 데서 찾아 봐!" 하며 아무런 가이드도, 힌트도, 공감도, 그리고 도움도 주지 않는 것이다. 이 또한 옳지 않다. 언제든 자신을 도와줄 부모가 뒤에 있다는 걸 아는 아이는, 아무도 자신을 도우러 오지 않을 거라고 생각하는 아이보다 더 자신 있게 행동한다. "아무도 도와주지 않을 거야."라는 믿음은 강한 불안과 무기력을 낳는다. 이러한 감정 상태에서는 독립성을 발휘하며 능동적으로 문제를 해결하는 것이 아니라 그냥 구석에 앉아 외로움에 울고 싶어진다. 육아에서는 항상 극단을 피하는 것이 좋다. 그리고 아이가 해낼 수 없는 과제를 아이에게 주어서도 안 된다. 아이를 실제로 발전시키는 건 별이 3개쯤 붙어 있는 초초초고난도의 과제가 아니라, 어제 해결한 문제보다 아주 조금 더 어려운 과제이다. 근접발달영역에 속한 과제들 말이다.

열심히 일할 수 있는 능력

"부모님이 나를 어떻게 키우셨는지 기억해요. 할 일이 산더미였어요. 나는 시골에서 자랐는데, 거기는 일이 정말 많았어요. 여름 내내 잡초를 뽑고 풀을 베고 감자 흙 돋우기를 하고 산딸기를 따러 다녀야 해요. 도시 사람들에게는 딸기를 따는 게 기분 전환 거리지만 우리는 어땠는지 아세요? 덤불딸기를 남김없이 다 따기 전에는 자전거를 탈 수도 없었어요. 난 공부를 잘해서 올 A로 대학을 졸업했어요. 결코 시골로 돌아가지 않겠다는 강력한 동기가 있었기 때문이에요. 나는 졸업 후 도시에 남아 열심히 일했어요. 이제는 내 아파트도 있고 차도 있어요. 가족과 함께 고향집에 놀러 가면 나는 아이들이 절대로 일하지 못하게 해요. 덤불딸기도 먹을 만큼만 따고요. 딸기잼 따위는 필요 없어요. 부모님께도 난 더 이상 흙 묻히며 일하지 않겠다고, 감자가 필요하면 사다 드리겠다고 말씀드렸어요. 하지만 부모님은 여전히

농사를 지으세요. 농사를 짓지 않는 삶은 상상을 못 하시죠. 반면에 나는 내 아이들을 일로부터 완전히 해방시켰어요. 나는 아이들이 설거지를 하지 않게 하려고 식기세척기도 샀어요. 나는 어린 시절 내내 설거지를 했거든요. 내 아이들만큼은 어린 시절이 행복했으면 좋겠어요. 난 많은 걸 이루었고 가정부도 고용할 수 있어요. 나는 아이들에게 행복한 어린 시절을 벌어다 준 거예요."

"혹독한 노동으로 보낸 어린 시절"을 묘사한 이 남성은 어린 시절의 '결핍'과 성인이 되어 이룬 성취 사이를 연결 짓지 못했다. "나는 많은 걸 이루었어요.", 왜냐하면 "열심히 일했기" 때문이다. 진실로 이것은 어린 시절 자신이 했던 행동의 직접적인 결과이다. 자신의 아이들을 일로부터 해방시키는 것(여기서는 '학교 밖에서'를 덧붙여야 한다. 학업 역시 일이기 때문이다.)이 아이들이 커서 이룰 성공을 막는 건 아닐까? "덤불딸기를 남김없이 다 딴" 것이 결과적으로 업무 능력의 바탕이 되었던 건 아닐까? 자신의 커리어에서 성공을 거두려면 훌륭한 업무 능력이 필수다. 물론, 아이들에게 할 수 있는 한 많이 일을 시켜야 한다고 말하는 사람은 없다. 그러나 또다른 극단 – 할 수 있는 일까지 못 하게 하는 것 – 으로 갈 필요는 없다.

아이에게 일을 가르치고 독립성을 길러 주는 것은 부모가 아이에게서 유년기를 빼앗는 것이라고 주장하는 이들이 있다. 이 주장은 곧바로 이런 모습으로 연결된다. 어린아이가 생계를 떠맡아 청소를 하고 요리를 하고 식료품을 구하러 가게를 돌아다닌다. 이 가여운 아이에게는 뛰어놀 시간도 없다. 끝없는 집안일 뿐이다.

먼저 독립성부터 이야기해 보자. 독립성은 의무와 다르다. 더 정확히 말하면 항상 의무를 뜻하지는 않는다. 의무란 '해야 한다'는 것이다. 반면에 독립성이란 '할 줄 안다', '할 수 있다'는 것이다. 내 의무인지 아닌지와 상관없이 할 줄 안다는 뜻이다.

가장 이상적인 상황은 아이에게 맡겨진 의무는 적은 대신 가족을 돕고 싶다는 순수한 바람으로 스스로 가족을 도우면서 새로운 일을 배우는 것이다. 바람이 있을 때는 새로운 활동을 터득하기가 쉽다. 아이가 글을 읽는 법을 배웠다고 해서 이제부터는 항상 아이 혼자 책을 읽어야 한다는 뜻은 아니다. 잠자리에서 엄마가 책을 읽어 주는 것 같은 의식은 변함없이 계속될 수 있다. 아이가 직접 책을 읽는 것은 아이가 원할 때 하면 된다. 아이가 오트밀 끓이는 법을 배웠다고 해서, 아이가 원하든 원하지 않든 이제부터는 가족이 먹을 오트밀을 매일 아침 아이가 끓여야 하는 건 아니다. 아이가 원할 때 또는 실제로 그래야만 하는 상황이 발생하면 그때 끓이게 하면 된다. 우리 집에서는 종종 아이들에게 저녁 준비를 해 달라고 부탁해야 하는 상황이 생긴다. 내가 아프거나 열이 나 누워 있다거나 혹은 마감 기일 내에 출판사에 원고를 넘기기 위해 일이 너무 많을 때 등이다.

> 물건을 분실했던 값진 경험을 통해 문제 해결 능력을 키웠다.

나는 가족 중에 시간이 좀 더 많은 사람이 그날 가사일을 맡는 것이 합리적이라고 여긴다. 그러나 모든 가정이 그렇지는 않다. 모든 가정이 가사를 공동 분담해야 할 일로 여기는 것은 아니다. 나는, 살림살이를 모두 자신이 맡아 아주 작은 일도 아이들에게는 시키지 않고 매일매일 "공훈을 세우는" 여성들을 알고 있다. 이들은 아무리 몸이 아파도 직접 식사 준비를 한다. 그 시간에 초등학생 아이들은 컴퓨터 게임을 하고 SNS에 글을 남기고 있는데도 말이다.

"시집 가면 지겹도록 할 텐데 벌써부터 뭐 하러 어린애에게 요리를 시켜요?" - 이리나의 엄마는 이렇게 생각하며 식사 준비를 할 때 딸을 부르지 않았다. 이리나는 대학에 입학해 학생 기숙사에서 살게 되었다. 네 명이 한 방을 썼는데, 함께 식비를 내고 서로 번갈아 가며 음식을 만들기로 했다. 자기가 요리할 차례가 되었을 때 이리나는 엄청난 사실들을

> 딸이 가스레인지 앞에 서 있지 않기를 바라는 마음에 딸을 공주처럼 키우려는 엄마들이 있다. 레스토랑도 있고, 배달 음식도 있고, 가사도우미도 있는 세상이니까.

난생 처음 알게 되었다. 죽을 끓이기 위해서는 곡식보다 더 많은 물을 부어야 한다는 사실, 마카로니는 찬 물이 아니라 끓는 물에 넣어야 한다는 사실, 만두 역시 물이 끓을 때 넣어야 한다는 사실, 그리고 네이비 파스타를 만들 때는 분쇄된 고기를 날 것 그대로 넣는 게 아니라 미리 양파와 함께 볶은 후 넣어야 한다는 사실 등등. "이리나! 넌 양파 자를 줄도 모르는구나! 감자 좀 깨끗이 닦아 줘! 껍질 좀 얇게 까! 식재료 좀 아껴!" 룸메이트들의 인내심은 이리나가 온수를 받아서 수프와 차를 끓였다는 걸 알았을 때 바닥이 나 버렸다. "하지만 온수는 이미 뜨겁잖아. 더 빨리 끓는다고!" 이리나가 변명했지만 도움이 되지 않았다. 룸메이트들은 이리나와 음식을 함께하지 않기로 했다. "넌 따로 해 먹어. 우린 이제 너와 함께 먹지 않을 거야." 몇 달 동안 이리나는 컵라면만 먹었다. 그 뒤 새로 사귄 친구가 있는 방으로 옮겼다. 새 방도 역시 4인실이었는데 그 방에서 이리나는 청소를 맡았다. 음식 준비는 다른 세 명이 했다. 이리나가 넷 중에 청소를 가장 잘 해서가 아니었다. 그저 바닥을 닦는 게 룸메이트들을 굶기는 것보다는 나았을 뿐이다. 식료품이 낭비되지도 않았고, 이리나가 바닥을 온수로 닦든 냉수로 닦든 룸메이트들은 상관하지 않았다.

  딸이 가스레인지 앞에 서 있지 않기를 바라는 마음에 딸을 공주처럼 키우려는 엄마들이 있다. 레스토랑도 있고, 배달 음식도 있고, 가사도우미도 있는 세상이니까. 하지만 당신의 딸이 미래에 무엇을 맞닥뜨리게 될지 어떻게 알겠는가? 요리 실력까지는 필요 없을 수도 있지만 어쨌거나 요즘 세상에 왕자는 없으니 전혀 요리를 하지 못하는 것보다는 그래도 할 줄 아는 게 낫다. 사내아이들도 마찬가지다. 요리는 누구에게나 필요하다.

뭔가를 할 줄 아는 사람은 아무것도 할 줄 모르는 사람보다 언제나 자신감이 강하다. 심지어 다른 사람이 하는 걸 보고만 있을 때조차도.

게으른 엄마의 요리

'게으른 엄마'는 귀찮기 때문에 어려운 요리를 하지 않는다. 그러므로 저녁식사는 치즈 버섯 크로켓이나 고기감자말이가 아니라 그냥 고기를 넣은 단순한 감자 조림이다. 요리가 간단할수록, 주방에서 보내는 시간이 적을수록 다른 것을 할 시간이 더 많아진다. 예를 들어 아이와 보내는 시간 같은 것 말이다. 단순한 요리가 또 좋은 점은 아이가

배우기 쉽다는 것이다. 엄마가 천재적인 요리사이면 엄마의 기준에 맞추는 것이 대단히 어려워진다. 아이가 아무리 노력해도 엄마가 요리한 것보다 맛이 없을 것이다. 그리고 아이가 만든 요리가 맛있다고 당신이 아무리 이야기해도 아이는 "엄마가 더 잘한다."는 객관적인 사실을 토대로 당신의 이야기를 믿지 않을 것이다. 그렇다고 해서 엄마가 요리를 못해야 한다는 뜻은 아니다. 어려운 요리와 단순한 요리를 번갈아 하는 방법도 있다. 이따금씩 맥앤치즈나 전기밥솥으로 삶은 오트밀처럼 아이가 쉽게 만들 수 있는 음식이 식탁에 올라온다면 이는 아이의 요리 능력을 키울 바탕이 될 것이다. 또한 엄마가 죽을 끓일 때 아이가 원래 요리 방법에서 벗어나 바나나, 사과, 호두 따위를 집어넣을 수도 있다. 아이를 칭찬하고, 맛있다고 감탄하라 – 성공의 경험은 아이가 식도락 실험을 하도록 영감을 불어넣을 것이다.

알렉산드르가 칼을 쥐는 법을 배우고 난 후부터 우리 집에서는 이런 실험이 정기적으로 이뤄졌다. 한번은 알렉산드르와 함께 비네그레트 샐러드를 만든 적이 있다. 아들에게는 당근과 비트를 네모난 조각으로 잘게 자르는 재미있는 놀이였다.(참고로, 세 살 난 아이가 날카로운 칼을 쥐는 게 심히 불안하다면 익힌 채소로 해도 된다. 익힌 채소는 안전한 플라스틱 칼로도 잘 잘린다.)

아들의 조합사고력이 가동하기 시작했다. 아들은 신이 났다.

— 초콜릿 비네그레트를 만들면 어때요?!

식탁에는 알록달록한 포장지로 싼 초콜릿이 바구니에 담겨 있었다. 내가 미처 '안 돼'라고 하기도 전에 아들은 잽싸게 사탕 껍질을 벗기기 시작했다.

내 머릿속에서는 내면의 대화가 시작됐다. '왜 안 되는지 설명해 봐.' '맛이 이상하잖아!' '먹어 본 적이나 있어?' '그냥 아는 거지.' '하지만 알렉산드르는 모르잖아. 나와 같은 사전 정보가 없으니까. 그저 시도해 보고 싶은 거야.' '샐러드를 망칠 거야!' '샐러드는 락스나 엔진 오일, 기타 등등 끔찍한 걸로도 망칠 수 있어. 초콜릿은 최소한 해롭지는 않아. 초컬릿이 아이 접시로만 들어가게 잘 감시할 수도 있잖아.'

아들은 이것이 자기 인생에서 가장 맛있는 비네그레트였다고 했다. 아들은 초콜릿이 모두에게 돌아가는지 유심히 지켜보았다. 특히 내게는 자기 접시에서 일부분을 덜어 주기까지 했다. 초콜릿은 무슨 이유인지 네모난 형태를 잃고 있었다. 식용유에 녹은 걸까?

며칠 뒤 아들이 물었다.

그리고 우리는 초컬릿 볶음이라는 새로운 요리법을 실험해 보기로 했다.

― 엄마, 초콜릿 볶음 먹어 본 적 있어요?

그리고 우리는 초콜릿 볶음이라는 새로운 요리를 실험해 보기로 했다. 나는 여차하면 버릴 수 있는 오래된 후라이팬을 꺼냈다.

그 후 또 한동안은 음료를 가지고 용감한 실험이 이어졌다. 아들은 모든 액체를 과감하게 섞었다. 주스를 섞은 차는 흠… 먹을 수 있었다. 클로티드 크림을 섞은 주스는… 그 시음회 후에도 살아남긴 했다.

기존의 레시피를 이용하는 것뿐만 아니라 자신만의 음식을 생각해

내는 것 역시 독립성의 발현이다. 열 살 난 니콜라이는 어느 날 바나나 파이를 생각해 냈다. 정말로 혼자서 생각해 낸 것이었다. 니콜라이는 그런 음식이 실제로 있는 줄 몰랐다. 모든 게 간단했다. 엄마가 하는 것과 똑같이 하기만 하면 됐다. 엄마가 감자 대신 바나나를 파이에 넣는 걸 상상조차 못했다면 니콜라이는 그걸 생각해 냈다는 것만 달랐을 뿐이다. 니콜라이는 가게에 가서 자기 용돈으로 숙성된 반죽과 바나나를 사왔다. 그리고 엄마가 하는 것처럼 반죽을 밀고 바나나를 잘라서 엄마가 감자를 놓는 것과 똑같이 바나나를 반죽 위에 골고루 앉혔다. 표면에는 설탕을 뿌리고(엄마는 소금을 뿌렸지만 바나나는 다르게 해야 하므로), 바닥용 반죽보다 조금 작고 얇은 반죽으로 그 위를 덮은 뒤 엄마가 하는 것처럼 반죽 가장자리를 접어 붙였다. 그리고 파이를 오븐에 넣고 표면이 밝은 갈색이 될 때까지 기다렸다. 오븐 사용법은 엄마가 전에 가르쳐줬다. 깜짝선물이 퇴근하고 돌아온 엄마를 기다리고 있었다. 엄마는 식사 조절 중이라 밀가루 음식을 제한하고 있었고 파이가 입에 맞지도 않았으나, 엄마는 아들이 이걸 모두 혼자서 생각하고 해 냈다는 사실에 진심으로 감동했다. 엄마는 파이 사진에 '아들의 깜짝 선물', '내 아들 최고'라는 해시태그를 달아 SNS에 올렸다. 그러고도 족히 일주일은 친척과 친구들에게 아들의 값진 음식을 자랑했다. 그 다음에 니콜라이가 피자를… 만두피 반죽에 구웠을 때에도 니콜라이는 파이 때 이상으로 '정서적 스트로크'[*]를 받았다. 아이는 숙성 반죽을 사다 피자를 만들면 두꺼운 피자가 될

---

[*] 미국의 정신의학자 에릭 번이 사용한 교류분석 용어로, 타인과 교류할 때 주고받는 언어적, 비언어적 자극과 반응을 뜻한다. (역자 주)

테고 엄마는 두꺼운 도우를 좋아하지 않는다는 걸 생각했다. 니콜라이가 완성한 피자는 정말 맛있어 보였고(도우가 정말 얇았다), 다시 한 번 엄마의 SNS 페이지를 장식했다. 그러나 그 피자는 먹기가 매애애애우 힘들었다. 너무 단단하고 바짝 말라 있었다. 하지만 엄마는 아이에게 한마디도 불평을 하지 않았다. 엄마는 이렇게 말할 수도 있었다. "만두피 반죽으로는 피자를 굽는 게 아니야. 피자용 반죽을 샀어야 해." 그러나 엄마는 그렇게 하지 않았다. 왜일까? 아이는 실험을 했고 자신이 만든 피자와 기존에 먹던 피자를 스스로 비교할 수 있었다. 아마도 다음 번엔 기술에 변화를 줘야겠다고 결심했을 것이다.

비판과 선부른 훈계는 행동하려는 열의를 쉽게 꺾을 수 있다. 시도하고 실패하는 과정을 거쳐야 성공으로 가는 확실한 길이 열린다.

아이가 아무것도, 예를 들어 요리 같은 것을 배우고 싶어 하지 않는다면 어떻게 할까? 분명 그런 경우가 있다. 이 또한 정상이다. 어떤 사람들은 요리에 관심이 있어서 뭐라도(설령 소시지를 데치는 것이라도) 직접 해 보고 싶어 하지만 어떤 사람들은 그렇지 않다. 그러나 원하든 원하지 않든 간에 요리를 해야만 하거나 도와줘야 하는 상황이 생긴다. 요리를 전혀 하지 못한다면 이런 상황을 해결할 방법이 없다. 조금 넓게 보면 끔찍한 사고를 일으키지 않고 못을 박는 기술처럼 일상생활에 필요한 다양한 기술들도 모두 마찬가지이다. 기술을 습득하는 것은 "하고 싶어"와 "할 수 있어"의 차이에 관한 것이다. "하고 싶지 않지만 반드시 필요한 상황에서는 할 수 있어."가 되는 것이다.

"엄마 오늘 회사에서 늦을 거야." ―'게으른 엄마'가 초등학생 아이에게 말한다.

"저녁 준비 좀 해 줄래? 엄마가 돌아오자마자 곧바로 다 같이 식사할 수 있으면 멋질 거야. 어떤 걸 만들어 보고 싶어? 죽, 마카로니 아니면 삶은 감자?"

그리고 저녁에는 반드시

"고마워! 정말 네 덕분에 살았어!"

그러나 어떠한 경우에도 이러한 부탁을 악용해서는 안 된다. 이것이 일상이 되면 아이는 전혀 관심을 보이지 않을 것이다.

반면에 이런 경우도 생긴다. 엄마가 삶은 마카로니처럼 간단한 걸로 뭐든 요리해 달라고 부탁을 했고 아이도 그러겠다고 했는데, 집에 와보니 아무것도 준비되지 않은 상황. 이럴 땐 어떻게 해야 할까?

우선 큰소리로 따지지 마라. 무슨 일이 있었는지, 왜 그랬는지, 혹시 어떤 문제가 있었는지 아이에게 물어보라. 설령 아이가 놀이에 정신이 팔려 약속을 잊어버렸다 할지라도 아이를 꾸짖거나 질책하지 말고 "아, 정말 배고프다."처럼 청자를 특정하지 않는 표현을 사용하여 말하라. 그리고 아이에게 물을 올려놔 달라고 부탁하라. 엄마가 옷을 갈아입고 나올 동안 지키고 있다가 물이 끓으면 마카로니를 넣어 달라고 부탁해도 좋다. 그런 뒤에는 "고마워, 같이 하니까 더 빨리 됐네."라고 말하라.

독자들은 아마도 이런 의문이 들 것이다. 왜 엄하게 야단치면 안 되는가? 왜 꾸짖거나 질책하면 안 되는가? 물론 할 수는 있다. 하지만 무엇 때문에 그래야 하는가? 이런 상황에서 아이가 부정적인 감정을 경험한다면 아이는 엄마의 부탁과 위임을 이행하지 못한 것과 이

아이가 집안일을 아무것도 배우고 싶어 하지 않는다면…

부정적인 감정들을 연관시켜 기억할 것이다. 이렇게 되면 이후 아이는 부탁을 기쁘게 받아들이지 못하고 부담으로 여기게 된다. 반면 엄마에게서 받는 긍정적인 '정서적 스트로크'와 성취감은 설령 아이가 이 일을 싫어했다고 하더라도 최소한 싫어하지는 않게 바꿀 수 있다. 그리고 나아가 요리에 관심을 갖게 만들 수도 있다.

책가방과 장바구니

초등학교 1학년 아이의 하교를 기다리고 있다. 1학년은 35명씩 총 네 개 반이다. 현관 앞에 얼마나 많은 사람이 아이를 마중 나와 있을지 상상이 되는가.

적극적인 엄마가 나서서 다른 엄마들을 정렬시킨다.

"여러분! 비켜서 주세요! 길을 만들어 주세요! 아이들이 지나가게 해 주세요!"

오늘은 초등학교 1학년이 첫 수업을 받는 날이다. 부모들의 걱정이 하늘을 찌르는 날이기도 하다. 하교하는 아이를 학교 현관에서 만나지 못하면 그대로 아이가 길을 잃을 것만 같다.

"우리 큰딸은 다른 학교에 다녔어요. 거기는 선생님이 항상 아이들 옷을 입혀 직접 데리고 나와서 한 명 한 명 부모에게 넘겨줬어요!"

아이를 기다리는 엄마들 가운데 한 명이 학교에서 이렇게 해 줘야 한다고 주장한다.

"그게 맞지요! 선생님이 교실에 앉아 있으면 아이가 교문까지 제대로 갔는지 무슨 수로 알겠어요. 아이가 복도에서 길을 잃을 수도 있고 부모들이 조금 늦게 올 수도 있잖아요. 그러면 아이는 어디 가 있어요?" - 다른 엄마가 걱정하며 말한다.

 내가 1학년이었을 때가 생각난다. 학교에 대한 인상도 기억난다. 맞다, 큰 건물이다. 맞다, 사람도 많다. 그러나 길을 잃으면 어쩌지 하는 두려움은 없었다. 대체 학교 어디에서 헤맨다는 말인가? 모두 해봐야 세 개 층에 계단 몇 개뿐이다. 1학년생도 이 정도는 어렵지 않다. 정녕 요즘 아이들이 더 어리석어졌을까? 그렇지 않다.

마침내 현관에 첫 귀요미 무리가 나타난다…. 사람으로 가득한 복도를 보고 살짝 당황한다…. 부모들은 그 와중에도 자기 아이를 금방 찾아내 손을 잡는다. 아니, 더 정확히는 가방 손잡이를….

공항에서 수하물을 기다리는 풍경이 떠오른다. 사람들이 수하물 벨트 주위를 둘러싸고 있다…. 저쪽에서 낯익은 가방이 나타나 나에게 다가온다….

세 번 만에 맞춰 보시라. 이 책가방들에게는 이제 무슨 일이 벌어질까? 정답은 '아이의 어깨에서 어른의 손으로 옮겨간다.'이다. 듬직해 보이는 소년들에게서 엄마나 할머니가 가방을 벗겨내어 자신이 들고 가는 것이다. 대체 왜? 아이의 물건이 들어 있는 아이의 가방이 아닌가. 이것은 아이가 책임져야 하는 영역이고 아이는 이를 충분히 해낼 수 있다. 물론 가방이 없으면 몸이 가벼울 것이다. 하지만 할머니는 더 무거워진다. 엄마도 무거울 것이다. 지금이든(아직은 책가방이 심하게 무겁지는 않다.) 나중이든 결국은 자신의 책임을 엄마에게 넘기는 행동 양식이 굳어질 것이다.

1학년 아이들은 아직 헤어지고 싶지 않다. 학교에서 좀 더 뛰어놀고 싶다. 아이들이니까! 그러자 엄마들은 서서 기다린다. 책가방을 메고. 유일하게 한 아이만 가방을 멘 채 뛰어다닌다. 그렇다, 내 아들이다. 그 아이의 엄마는 게을러서 가방을 대신 메줄 수가 없다. 그러다가 아이는 가방을 메고 뛰어다니니 불편하다고 느낀다. 그래도 문제 없다. 가방을 벗어서 화단 옆 아스팔트에 내려놓는다.

— 오, 가방 더러워지겠어요! – 내 오른편에 있는 엄마가 말한다.

— 괜찮아요. 집에 가서 걸레로 닦으면 돼요. – 내가 그녀를 안심시

킨다.

— 놀다가 잊어버리고 그냥 가면 어떻게 해요! — 왼편의 엄마가 걱정한다.

— 생각나면 찾으러 오겠지요.

난 게으른 엄마라 직접 찾으러 오지 않을 거라는 이야기는 할 필요도 없었다.

아이가 학교 운동장에서 낙엽을 발로 차는 동안 책가방을 대신 들어 주는 것은 아이를 배려하는 것이 아니다. 자신을 배려하는 것이다. 책가방이 더러워질지도 모르고, 잃어버릴지도 모르고⋯ 걱정은 끝이 없다! 엄마는 모든 걸 자기 손으로 하는 게 더 안심이 된다. 한 손으로는 가방을, 다른 한 손으로는 아이의 손을 잡고 있다면 더더욱 안심이다. 학교 운동장을 뛰어다니는 아이에게는 온갖 위험이 도사리고 있지 않은가. "거기 웅덩이 있어! 조심해! 난간에서 뛰어내리면 안 돼! 높잖아! 계단에서 뛰지 마, 넘어지면 머리를 부딪힐 수가 있어! 나무에는 왜 올라가는 거야! 당장 내려와! 이제 그만! 집에 갈 거야!" 그러나 집에 가는 이유는 엄마가 불안해하다 지쳤기 때문이다. 내 불안을 달래기 위해 우리는 아이를 세상으로부터 떼어 놓는다.

우리는 집으로 갔다. 우리 앞에 십 대 아이와 엄마가 가고 있었다. 엄마는 식료품이 든 쇼핑백을 들고 있었다. 언뜻 보기에도 무거워 보였다. 다른 손에는 가방을 들고 있었다. 여성용 핸드백이었지만 '지퍼를 채울 수 없을 만큼' 꽉 차 있었다. 쇼핑백에 다 들어

설령 아이가 놀이에 정신이 팔려 약속을 잊어버렸다 할지라도 아이를 꾸짖거나 질책하지 말고 "아, 정말 배고프다." 처럼 청자를 특정하지 않는 표현을 사용하여 말하라. 그리고 아이에게 물을 올려놔 달라고 부탁하라.

가지 않는 식품들이 핸드백에 들어 있었다. 내가 무척이나 의미 있는 시선을 보냈는지(그럴 의도는 없었다) 소년이 갑자기 당황스러워하며 엄마에게 달려가,

— 이리 주세요, 제가 들게요.

하면서 쇼핑백 손잡이로 손을 뻗었다. 그러나 엄마는 아들에게서 확 물러서며,

— 어딜?! 안 돼! 달걀이 있어! 네가 들고 가면 깨져! 조심히 들어야 한다고!

하면서 결코 주지 않았다….

엄마에게는 달걀을 지키는 일이 십 대 아들의 자존심을 지키는 일보다 중요해 보였다. 설령 달걀을 깨뜨린다고 한들 뭐 대수인가? 달걀이 없다고 큰일이 생기는 건 아니다. 새 달걀을 사오라고 아들을 가게로 보내 실수를 바로잡게 할 수도 있다. 최후의 수단으로 달걀 상자를 꺼내 손에 들고, 나머지 식료품이 든 쇼핑백을 아들에게 넘겨줄 수도 있다.

그러면 이런 의문이 들 것이다. "몇 살부터 아이가 무거운 식료품을 들어야 하는가?" 첫째, 들어야 하는 건 아니다. 둘째, 들어야 하는 건 아니다. 셋째, 역시 들어야 하는 건 아니다. 여기서 핵심은 신체의 힘이 아니라 분명한 사실을 인식하는 일이다. '엄마가 힘들면 즉시 돕는다'는 사실 말이다. '해야 한다'는 강제에 의한 것이고, 강제되는 행동은 누구나 하기 싫어한다. 아이가 당신을 도와주기를 바라는가? 그렇다면 도와주는 습관부터 만들어 주어

거기 웅덩이 있어! 조심해! 난간에서 뛰어내리면 안 돼! 높잖아! 계단에서 뛰지 마, 넘어지면 다쳐!

라. 심지어 두 살 난 아이도 가게에서 집까지 뭔가를 들고 올 수 있다. 물론 가벼운 것만. 그래도 아이는 '나 없이는 엄마 혼자 해결할 수 없어.' 하는 생각으로 자랑스러워서 어쩔 줄 모를 것이다. 계산대에서 봉투를 2개 사라. 하나는 큰 걸로, 다른 하나는 작은 걸로. 그리고 작은 봉투에 빵이나 버터를 담아 이렇게 말하며 아이에게 건네라. "이건 네게 맡길게. 엄마 혼자서는 이걸 다 들고 갈 수가 없어. 엄마 좀 도와줘." 다만 기억할 것은 한 번 이렇게 가르친다고 해서 곧바로 교육이 완결되지는 않는다는 것이다. 연습은 오랜 시간을 두고 반복되어야 한다. 이러한 '사소한 것들'(일부러 이 단어를 강조했다. 결코 사소하지 않기 때문이다.)이 규칙적으로 반복될 때 훈육이 완성되기 때문이다.

- ✓ 유치원에 장난감을 가져가고 싶어? - 좋아, 하지만 네가 들고 가는 거야.
- ✓ 산책 가는 데 킥보드를 가져가고 싶어? - 좋아, 하지만 네가 가지고 다니는 거야.
- ✓ 썰매 타고 싶어? - 좋아, 하지만 네가 끌고 올라가는 거야.

다시 한 번 강조하지만 언제나 극단은 금물이다. 이렇게 말했더라도 언덕이 높고 가파르다면 아이를 도와주어라.

'게으른 엄마'가 되기에 늦은 때란 없다

교육은 목표지향적이고 체계적인 과정이다. 어느 날 갑자기 당신이 오늘부터 '게을러지기로' 결심한다고 해서 아이가 "하나, 둘, 셋" 하고 곧바로 독립적이 될 수는 없다. 아이는 엄마의 새로운 훈육법에 무관심이나 저항, 또는 스트레스로 반응할 것이다.

독립성을 가르치는 것은 순차적으로 이루어져야 한다. 앞서 이야기한 원칙들을 기억하는가? 순차성, 자기통제 연습, 그리고 아이 자신의 동기부여. 우선 아이가 혼자서 했으면 하는 일들을 목록으로 작성하라. 특히 중요한 것들을 골라 우선순위에 맞춰 정리하라. 이 목록에 있는 일들이 아이의 능력에 맞는지 생각해 보라. 그리고 첫 번째 항목부터 시작하라. 아이가 하나를 제대로 익히기까지는 평균 3주 정도가 걸린다. 엄마에게는 인내의 3주가 될 것이다. 가르치고, 도와주고, 감독하고, 칭찬하라. 그 후에 다음 항목으로 넘어간다.

> 유치원에 장난감을 가져가고 싶어? 좋아, 하지만 네가 들고 가는 거야.

예를 들어, 아이가 초등학교 1학년이고 스스로 했으면 하는 일은 이런 것들일 수 있다.

- ✔ 스스로 양치질하기
- ✔ 책가방 챙기기
- ✔ 운동 가방 챙기기
- ✔ 혼자서 숙제하기

✓ 잠자리 정돈하기
  ✓ 신발 닦기
  ✓ 설거지하기
  ✓ 자기 방 정리하기
  ✓ 화분에 물 주기
  ✓ 쓰레기 내다버리기
  ✓ 자기가 먹을 음식 준비하기
  ✓ 세탁하기
  ✓ 빨래 널기
  ✓ 고양이 밥 주기
  ✓ 고양이 화장실 치우기

 다시 한 번 말하지만 당신이 만든 목록에는 전혀 다른 일들이 있을 수 있다. 어떤 일이 필요한지 그리고 아이가 이것을 할 수 있는지를 기준으로 목록을 만들면 된다.
 그 다음은 종이에 가로 네 칸짜리 표를 그려라. 첫 번째 칸에는 엄마가 정한 '교육 내용(아이가 스스로 해야 하는 일)'을 적어라.
 이제 무엇부터 시작할지, 어떤 순서로 이 기술들을 습득시킬지를 정할 차례이다. 항목들에 각각 점수를 써 넣으면 중요성에 따라 우선순위를 정하기가 쉽다.

 두 번째 칸
  ✓ 이 행동이 매일 필요한 일이라면 1을 적는다.

- ✓ 1주일에 한두 번 필요한 일이라면 2를 적는다.
- ✓ 유용한 기술이지만 가끔 쓰이는 것이라면 3을 적는다.

세 번째 칸
- ✓ 아이가 이미 쉽게 할 수 있으며 습관으로 바꾸기만 하면 되는 것은 1을 적는다.
- ✓ 아이가 할 수는 있으나 부수적인 도움이 필요하다면 2를 적는다.
- ✓ 아이의 힘을 넘어서는 일이라면 3을 적는다.

이제 두 번째 칸과 세 번째 칸의 숫자를 곱해서 네번째 칸에 적는다. 작은 수부터 큰 수로 정렬한다. 1이 가장 우선순위에 놓이고, 9가 가장 나중에 익힐 일이다. 그 사이에 놓여 있는 일들을 어떤 순서로 익히게 할지는 엄마의 재량에 맡긴다.

	빈도	능력	우선순위
스스로 양치질하기	1	1	1
잠자리 정돈하기	1	1	1
고양이 밥 주기	1	1	1
책가방 싸기	1	2	2
모든 숙제 혼자 하기	1	2	2
신발 닦기	1	2	2
화분에 물 주기	2	1	2
고양이 화장실 치우기	1	2	2
운동 가방 챙기기	2	2	4

	빈도	능력	우선순위
설거지하기	2	2	4
자기 방 치우기	2	2	4
쓰레기 내다버리기	2	2	4
빨래 널기	2	2	4
세탁하기	2	3	6
자기가 먹을 음식 준비하기	3	3	9

독립성을 기르는 연습은 제일 위쪽의 활동, 즉 빈도수가 가장 높으면서 금방 익힐 수 있는 것부터 시작한다. 그간의 경험으로 볼 때 이 표에 나열된 일들을 숙련하는 데는 대략 반년이 걸린다.

아이가 스스로 관리할 수 있도록 시각적 도구를 이용하면 좋다. 눈에 잘 띄는 표를 만들어 테이프나 핀으로 벽에 붙여라. 완수된 일을 아이가 표시하도록 하는 것도 좋다.

	월	화	수	목	금	토	일
양치하기	O	O	O				
잠자리 정돈하기	O	O	O				

이 같은 표를 냉장고에 붙여 놓을 수도 있다. 작고 예쁜 자석들을 사다가 매일매일 행동이 완수될 때마다 아이에게 붙이게 해도 된다. 한눈에 들어오는 표는 아이뿐 아니라 부모에게도 실제로 도움이 된다. 어른들이 업무 계획을 세울 때 항상 다이어리를 들고 시간표를 만들거나 표를 그리는 것도 같은 이유이다.

초등학교 1학년 아이에게는 책가방을 혼자 싸는 게 어려울 수 있다. 이럴 때에도 스스로 체크할 수 있는 리스트가 도움이 된다. 가방에 넣어야 하는 것들을 직접 (또는 당신의 도움을 받아) 써서 목록을 만들게 하라. 그런 다음 하나씩 가방에 넣으면서 표시하도록 하라. "이건 넣었고, 이것도 넣었고. 이제 이걸 넣고." 이를 통해 자기통제 능력이 점점 발달한다.

부모가 확인하지 않아도 이제는 자동적으로 '양치질하기'와 '잠자리 정돈하기'를 할 정도가 되었다면 그 다음 '고양이 밥 주기' 항목으로 넘어간다. 내 생각에 고양이 밥 주기는 좀더 쉬울 것이다. 고양이는 자기에게 밥 주는 걸 잊어버리도록 그냥 내버려두지 않는다. 밥을 달라고 울어 대며 음식을 '관리하는' 사람의 발꿈치를 붙잡고 늘어질 것이다. 고양이는 어서 임무를 완수하라고 강력한 동기를 부여할 것이다.

동기에 관한 이야기가 나온 김에 조금 더 해 보자.

자극이나 동기부여가 없으면 아이는 부모가 멋지게 그려 놓은 표를 아무렇지도 않게 무시할 수 있다. 침대 정돈도 하지 않고, 해당되는 칸에 자석을 붙이거나 동그라미를 그리지 않고도 태평할 것이다. 아이 자신의 동기가 없기 때문이다. 잘 정돈된 침대와 동그라미 표시가 된 표는 엄마와 아빠에게 필요한 것일 뿐, 아이에게는 어지러운 침대가 더 편한 것이다. 저녁에 애써 이불을 펼칠 필요가 없으니까. 이럴 땐 어떻게 해야 할까?

가장 진부하고도 진부한 이야기를 한 번 더 하자면, 아이는 모두 다르다. 그러므로 어디에나 다 맞는 만능교육법 같은 것은 존재하지 않는다. 좀 더 큰 아이들에게는 잘 통하는 방법이 그보다 어린 아이들에게는 통하지 않을 수도 있다. 알록달록한 표 자체가 효과가 없는 경우도 있다. 사실 이러한 표는 스스로 관리하기 위한 도구일 뿐이다. 아이에게 (스스로 하고 싶게 만드는) 개인적인 동기가 있거나, 부모의 동기부여가 아이에게 통한다면 아이는 침대를 정리할 것이다. 그렇지 않다면 손 하나 까딱하지 않을 것이다.

그러므로 아이에게 맞는 동기부여가 먼저 이루어져야 한다. 이런 이런 일들을 하는 게 왜 중요한지 이야기해 주고 이것들이 행해졌을 때 엄마 아빠는 기쁘다고 덧붙여라. 아이를 고무시키는 이야기들을 더 생각해 내라. 아무리 노력해도 부모의 이야기가 아이에게 영향을 주지 못한다면, 그래서 개인적인 동기부여가 일어나지 않는다면 그때는 자극을 주어라.

자극은 반응을 일으키는 외부 요인으로, 긍정적인 자극과 부정적인 자극이 있다. 긍정적인 자극은 아이가 긍정적인 습관을 만들었을 때 그에 합당한 상을 받는 것이다. 주로 장난감, 책, 재미있는 곳에 가기 등이 될 것이다. 아이의 입장에서는 자신이 원하는 것이니만큼 얻기 위해 노력할 것이고, 부모의 입장에서는 아이의 노력에 합당한 보상이 될 것이다.

이때 중요한 것은 어떤 행동을 완수했다는 사실에 대해 상을 주는 것이 아니라는 점이다. 이것은 '네가 이걸 했으니 나도 이걸 해 주는' 거래가 아니다. 포상은 유용한 습관이 형성되기 시작했다는 기쁨의 표현이 되어야 한다.

부정적인 자극은 완수되지 않는 의무에 대해 벌금을 물리거나 무엇을 빼앗는 것이다. 부정적인 자극을 이용하면 부모가 원하는 걸 더 쉽게 얻을 수 있다. 가장 널리 쓰이는 부모의 통첩들을 생각해 보라. "마루 청소 안 하면 못 나갈 줄 알아!" 맞다, 분명히 효과가 있다. 하지만 효과는 금세 사라진다. 머지않아 물리적인 힘으로는 십 대 아이를 집에 붙잡아 둘 수 없는 때가 온다. 이때가 되면 예전의 부정적인 자극은 더 이상 효과가 없게 된다.

자녀 교육이 자극 대신 동기부여와 돕고 싶은 마음을 기반으로 이루어진다면 "엄마를 도와줄래, 마루 좀 닦아 줘."라는 말이 5년 뒤에도 똑같이 효력이 있을 것이다. 물론 좋은 관계가 유지된다는 전제 하에서이다. 그러므로 아이를 가르칠 때는 우선 동기부여를 기반으로 하는 것이 좋다.

가장 중요한 것은 부모와 자녀 간에 좋은 관계를 유지하는 것이다. 관계가 기술이나 능력보다 중요하다. 아이에게 능력을 키워 주기 위해 아빠가 회초리를 들고 "밥 먹으면 식탁 치우라고 대체 몇 번을 말해야 하는 거야! 엉덩이에 불이 나 봐야 제대로 기억을 하지!"라고 한다면, 필요한 기술은 익힐 수 있겠지만 이렇게 맞은 아이는 어른이 된 후에도 식탁 치우는 것을 근본적으로 싫어하게 될 것이다. 어린 시절에 당한 폭력에 대한 일종의 저항으로.

너무나 '독립적이지 못한' 청소년

― 나는 우리 아이가 독립적인 사람이 되기를 바랐어요. 공부를 잘 했으면 했지요. 아이는 집안일도 잘 도와줬어요. 그런데 이제는 수업도 제대로 듣질 않아요. 지금은 방학이에요. 과외도 좀 받고 공부도 열심히 해서 수학에서 C 받은 걸 만회할 수 있는 때지요. 그런데 그렇게 하지를 않아요. 아침에 일어나면 침대 정리도 하지 않아요. 그리고 나가서 저녁 때까지 돌아오지 않아요.

― 집에 있지 않을 때는 아이가 뭘 하나요? 하루 종일 뭘 먹나요?

― 몰라요. 맨날 무슨 약속을 해요. 친구들과요. 아이는 만화를 그려요. 친구들도 만화를 그리나 봐요. 인터넷으로 이야기 나누고 직접 만나서 작업에 대해 의논하는 것 같아요. 주문을 받아서 만화를 그려 주기도 해요. 그걸로 돈을 벌더라고요. 아들은 용돈을 받아가지 않아요. 어디 도시락집 같은 데 가서 먹겠지요.

상상이 되는가? 열네 살짜리 아이가 직접 용돈을 번다! 자신에게 이익이 되는 미팅을 직접 주관하고 있다! 그러나 엄마가 원하는 건 전혀 하지 않는다는 이유로 엄마는 아들이 '독립적이지 않다'고 여기고 있다.

학업은 관리해야 하는 게 맞다. 그러나 아이에게는 이미 학업에 대한 동기부여가 없어 보인다. 만화에 대한 관심만 있을 뿐이다. 빈정거리는 말이 아니다. 아이가 이걸 직업으로 삼겠다고 결심할지 누가 알겠는가? 아이는 벌써 이 일로 돈을 벌고 있다.

필요한 기술은 익힐 수 있겠지만, 이렇게 맞은 아이는 어른이 된 후에도 식탁 치우는 것을 근본적으로 싫어하게 될 것이다.

이런 아이에게 공부와 과외를 계속 강요하면 가정 내 불화로 이어질 수 있다. 관계는 망가뜨리기는 쉽고 회복하기는 어렵다. 공부를 강요하지 말고 아들이 좋아하는 것에 진심 어린 관심을 보이는 것이 엄마를 위해서도 더 좋을 것이다. 엄마는 당연히 걱정이 되겠지만, 아들에 대한 믿음으로 그 걱정을 잠재우는 것이 가장 좋다. 우리 아들은 분명 인생에서 자신만의 길을 찾아낼 것이라는 믿음 말이다. 어쩌면 그 길에서는 이번 학기에 C를 받은 수학이 전혀 필요 없을지도 모른다….

부모가 청소년 자녀에게 영향을 주고 행동을 통제하는 것은 아이를 신뢰하고 아이와 좋은 관계를 유지하고 있을 때에만 가능하다. 아이를 억누르거나 대립하고 있는 관계에서는 아무것도 이루어지지 않는다. 아이는 부모에게서 뛰쳐나가 모든 것을 자기 식으로 할 방법을 찾으려고 들 것이다.

독립적인 아이란 언제나 부모가 말하는 대로 하는 '수월한' 아이나 '말 잘 듣는' 아이를 뜻하지 않는다. 아이에게 독립성을 길러 주려면 아이에게도 자신만의 생각과 선택, 실수할 권리가 있다는 사실을 먼저 받아들여야 한다.

만일 청소년 자녀가 어떤 부분에서 독립적이지 못하다는 생각이 들어 불안하다면 한 번 바꾸어 생각해 보라. 아이가 그 외에 어떤 부분에서 독립성을 발휘하고 있는가. 자신의 여가 시간을 스스로 정해서 즐기고 있는가? 용돈을 어디에 쓸지 스스로 결정할 수 있는가? 냉장고에 음식만 있으면 혼자서 식사를 해결할 수 있는가? 냉장고가 비어 있더라도 최소한의 식비만 있다면 혼자서 식사를 해결할 수 있는가? 무엇을 입을지 혼자 결정할 수 있는가? 자기 옷을 혼자서 세탁할 수 있는가? 그리고, 자신에게 실제로 중요한 일에서 독립성을 발휘하고 있는가?

이 질문들에 여러 번 '네'라고 답했는가? 그렇다면 엄마의 불안은 자녀의 독립성에 대한 불안이 아니다. 그러면 무엇에 대한 불안인가? 아이의 미래에 대한 불안인가? 그렇다고 치자. 아이의 독립성이 어디로 뻗어갈지 불안한가? 아이가 너무 많은 실수를 저질러 바로잡을 수 없게 될까 봐 불안한가? 역설적으로, 아이가 그토록 독립적이라면 엄마가 아이를 어떻게 통제하겠는가?

내가 생각하는 대답은 '마음을 열고 소통하는 것'이다. 아이에게 일어나는 일들을 알고 있으라. 아이의 계획을 잘 알고 있으라. 아이가 교류하는 사람들을 알고 있으라. 비판하거나 억누르려 하지 말고 진심으로 관심을 보여라.

책임 위임하기

대기업의 행사에 참여한 적이 있다. 비즈니스 롤플레잉 게임 형식으로 진행되는 직원 평가였다. 나는 감독관으로 참여했다. 관리직에 적임자를 찾아내는 것이 목적이었다. 평가에 참가한 젊은 전문가들이 사회자가 제시한 규칙에 따라 게임을 하면 감독관은 그들의 관리 능력이 어떻게 발현되는지를 모니터링했다.

게임이 끝날 때 모든 참가자는 질문을 받았다.

― 결과에 만족하십니까 아니면 개선해야 할 점이 있습니까?

― 만족합니다. 다 좋았어요.

그러면 나는 평가 원칙에 따라 감독관 기록지에 이렇게 적어야 했다. "결과에 비판적이지 않음. 개선 방법을 찾지 못함."

― 만족하지 않습니다. ― 이렇게 대답하는 참가자도 있었다.

그러면 나는 새로운 질문을 던져야 했다.

― 이유가 무엇입니까? 무엇이 불만스럽습니까? 당신이라면 무엇을 바꾸고 싶습니까?

참가자가 답변하는 동안 나는 펜을 준비해 든다. 다음과 같은 항목에 표시해야 하기 때문이다.

1) 결과에 대한 책임을 자신이 진다.

2) 책임을 다른 사람에게 돌린다.

3) 책임을 상황에 돌린다.

예비 관리자 명단에 이름을 올리는 사람은 결과를 비판적으로 분석하여 개선할 점을 찾아내고, 그리고 강조하건대 **결과에 대한 책임을 자신이 지는 사람이다.**

나는 이것을 할 줄 안다. 나는 내가 책임을 질 줄 안다. 내 아들이 예비 관리자 명단에 들어가지 못했다고 해서 감독관이나 인사담당자, 사장, 악천후, 어두운 조명, 조악한 게임 시나리오, 무능한 동료들을 탓하지 않을 것이다. 내 결론은 그게 아닐 것이다.

상상이 되는가? 열네 살짜리 아이가 직접 용돈을 번다! 자신에게 이익이 되는 미팅을 직접 주관하고 있다!

아들이 결과를 비판하고 개선점을 찾아내고 결과에 대한 책임을 지도록 내가 가르치지 못한 것이다.

사내아이들을 키운다는 게 얼마나 어려운 일인가….

아니, 어쩌면 반대로 무척 단순한 일일 수도 있다. 그저 아이들과 이야기를 나누면 되니까. 뭔가가 잘못되면 "왜 이렇게 되었지? 어쩌면 원인이 나에게 있을까? 내가 뭔가를 바꿀 수 있을까? 다음번엔 뭘 다르게 해야 할까?" 하는 질문을 통해 직접 생각해 보도록 하면 된다. 이런 것을 '책임 탐색'이라고 부른다. 부모는 이 탐색을 도와주어야 한다.

— 낮은 점수를 받았어요.

— 그럴 만했어?

— 네, 대체로요…. 준비를 제대로 못 했어요.

― 그럼 이렇게 말하는 게 맞지. "시험 준비를 제대로 못해서 낮은 점수를 받았어요."

― 하지만 준비를 할 수가 없었어요! 불이 나갔었잖아요! 발전소에 사고가 나서 전기가 나갔었잖아요!

― 전기가 나간 건 자정 무렵이었어. 첫 수업 시작까지는 열 시간도 더 넘게 남아 있었지. 이 열 시간 동안 뭔가를 할 수 있었지 않아?

― 어… 네. 아침에 좀 더 일찍 일어나서 준비를 할 수도 있었겠죠.

― 엄마 생각엔 시험 준비가 네게 정말로 중요한 일이었다면 그렇게 했을 것 같은데.

― 맞아요.

책임감은 이러한 자각을 통해 길러진다. '이것이 정말로 내게 중요하고 필요한 것이었다면 이 상황을 내가 바꿀 수 있었어.' 하는 자인을 통해.

― 좋아. 그럼 그냥 한번 생각해 보자. 어떻게 하면 다시는 이런 상황에 처하지 않을까?

― 밝을 때 미리 숙제를 하면요.

'책임 있는 학생'이 지은 교활한 미소로 보아 앞으로도 아들이 매일 낮에 숙제를 해 놓으리라는 희망은 별로 없었다. 하지만 이 대화에는 중요한 의미가 있었다. 일어난 일에 대해 아들이 자신의 책임을 느낀 것이다.

책임을 느끼게 하는 것과 비난하는 것은 다르다. 아이가 이와 비슷한 대화에 분노를 느끼지 않게 하려면 대화가 호의적이고 기분 좋게 이루어져야 한다. 아이를 비난하고 창피를 주거나 아이가 놓친 것을 탓하는 것은 좋지 않다. 오히려 그 상황에서 한 발짝 떨어져 대화를 하는 것이 나을 수도 있다. 특히 아이가 감정적으로 반응하고 있다면 더욱 그러하다. 아이가 실망이나 모욕감을 느끼는 상황에서는 "다른 방법은 없었을까?"에 대한 답을 제대로 탐색할 수가 없다. 이런 상황이라면 그 일에 대해 아이가 느꼈던 감정과 불쾌함에 대해 이야기를 나누는 편이 낫다. 그리고 시간이 조금 흐른 뒤에, 이와 비슷하면서도 다소 추상적인 상황을 만들어 아이에게 물어보는 것이다. 예컨대 "지금 같은 어려움에 처한 아이가 있다면 넌 뭐라고 충고해 줄 것 같아?" 같은 질문을 하는 것이다. 아니면 "타임머신이 있어서 과거로 돌아갈 수 있다면 이때 너에게 어떤 충고를 해줄래?"처럼 상상을 가미한 질문도 좋다.

－ 정말 짜증 났어요! － 어느 날 아들이 말했다. － 하필 올림피아드에서 펜이 안 나오잖아요! 계속 나오다 말다 하는 거예요. 그래서 펜 가지고 끄적여 보다가 시간이 다 갔어요! 나중에 선생님이 아시고는 선생님 펜을 주셨어요. 마지막 문제는 펜 때문에 시간이 모자라 못 풀었다고요! 2학년 2반 표도르는 문제를 다 풀었고 그래서 내 점수를 앞지른 거예요. 펜만 아니었으면 내가 1등이었을 거라고요!

－ 정말 화가 났구나. 엄마 같았어도 짜증이 많이 났을 것 같아. 엄마는 옛날에 제도 올림피아드에 나간 적이 있었는데 정말 열심히 테두리를 그렸거든? 그런데 다 하고 보니까 테두리는 그릴 필요가 없다는 거야. 투상도 세 개만 그리면 되는 거였어. 그런데 엄마는 테두리에 너무 많은 시간을 써 버려서 마지막 문제는 풀 시간도 없었어. 이 일로 얼마나 오랫동안 속이 상했던지, 타임머신이 있다면 그때로 가서 "문제에서 요구하는 걸 정확히 이해한 건지 반드시 확인해 봐."라는

충고를 나한테 해 주고 싶다는 생각이 정말 많이 들었어. 타임머신이 있다면 넌 네 자신에게 어떤 충고를 해 줄래?

— 예비로 볼펜을 하나 더 챙기라고 할 거예요!

— 그래, 좋은 충고야, 볼펜을 하나 더 챙기는 것. 그런데 다른 누가 또 볼펜이 없다고 상상해 봐. 집에 두고 왔거나 갑자기 고장이 난 거지. 그러면 그 사람에게는 어떤 충고를 해 줄래?

— 펜이 없다고 크게 말하라고요. 볼펜을 하나 더 가진 사람이 있을 수 있으니까요. 예를 들어, 타임머신 덕분에 미리 경고를 받은 나한테도 여분이 있을 테고요.

— 그렇지. 펜이 없다는 걸 곧바로 알려야지. 그래야 상황을 해결할 기회가 생기지. 선생님이 펜을 주실 수도 있고 말야.

충고를 해 줘야 하는 어떤 아이와 타임머신 등을 놓고 점잖게 이루어지는 대화는 부모가 전문가 입장을 취하며 내뱉는 짧고 직설적인 기습 – "엄마가 늘 얘기했지. 여분의 볼펜은 항상 있어야 한다고! 넌 왜 곧바로 선생님한테 말해서 펜을 빌리지 못한 거야?!"보다 훨씬 더 부드럽고 효과적이다.

죄책감과 책임감

부모와 교사 들은 중요한 지렛대로 죄책감 유발 전략을 자주 사용한다. 이렇게 하면 책임감이 길러진다고 생각하는 듯하다. "이건 다 네 잘못이야! 창피하지도 않니! 다 너 때문이야!" – 슬프게도 이러한 전략은 쉽게 볼 수 있다. 특히 같은 반 학생이 모두 보는 앞이나 한자리에 모인 할머니와 할아버지, 친척들 앞에서 비난을 하고 창피를 주는 것이 효과적이라고 여겨지는 듯하다.

부언하자면 부모들이 의식적으로 아이의 심리에 해를 끼치는 것은 아니다. 부모들은 그저 자신이 어렸을 때 자주 들었던 말을 반복하는 것뿐이다. 다른 육아 모델이 없기 때문이다. 어쩌면 부모 자신이 그 끝없는 죄책감으로부터 벗어나기를 갈망하고 있는지도 모른다.

아이는 어른의 눈으로 세상을 보며 일정 연령이 될 때까지 부모를 절대적으로 믿는다. 바로 이렇게. "엄마가 나더러 나쁜 아이라고 했으니까 난 나쁜 아이야." 엄마가 아이를 자주 탓하면 아이는 자신이 잘

못했다고 느끼는 데 점점 익숙해지는데, 이는 심리학적으로 대단히 해로운 습관이라는 걸 말해 두고 싶다.

그렇다면 죄책감을 대신할 수 있는 것은 무엇일까? 무엇으로 아이의 행동을 조절할까? 답은 책임감이다. 아이의 행동은 책임감을 통해 조절할 수 있다. 죄책감을 느끼지 않으면서 책임감을 갖게 하는 것이 충분히 가능하다.

책임감은 우리가 자신의 행동과 그 결과 간의 상호관계를 느낄 때, 그리고 자신의 행동을 조절할 수 있고 사건의 진행 과정에 영향을 줄 수 있을 때 생겨난다. 책임감은 죄책감이 아니라 자신감이다.

아이에게 창피를 주고 죄책감을 심어 주면 어떤 일이 일어날까? 아이는 자기가 나쁘고 쓸모없는 아이라고 생각하기 시작한다. "난 원래 이러니 어쩌겠어?" 역설적이게도 책임감을 갖게 하려다 오히려 무책임과 좌절감만 심어 주는 것이다.

> 타임머신이 있어서 과거로 돌아갈 수 있다면 그때 너에게 어떤 충고를 해 줄래?

죄책감을 가진 사람은 어떤 행동을 하는가? 자신을 비난하고, 후회하고, 잘못을 빈다. 상처 입은 자존심을 살리려고 애를 쓴다.(또는 사건의 경중에 따라 상처를 더 키우기도 한다.)

책임감이 있는 사람은 어떤 행동을 하는가? 자신의 실수를 바로잡는다.

사과하는 것 자체가 문제는 아니다. 실수를 바로잡지 않고 사과만으로 모든 걸 끝내려 하는 것이 문제이다. 더 큰 문제는 스스로를 죄책감으로 옭아매어 자신이 '올바르지 못한' 사람이라고 단정하는 것이다. 이러한 태도는 실수를 바로잡는 데 사용할 수 있는 에너지를 즉시 차단해 버린다.

　업무 중에 실수를 저지른 직원을 상상해 보라. 책임감 있는 직원이라면 실수가 발생한 원인을 분석하여 바로잡은 뒤 같은 실수가 반복되지 않도록 업무 방식을 수정할 것이다. 반면에 자책감에 빠져 "내가 어떻게 이런 짓을! 내가 모두를 곤경에 빠뜨렸어! 이런 나 자신을 용서할 수가 없어!" 하면서 머리를 싸매는 직원은 올바른 해결책에 집중할 수가 없다. 이러한 직원은 실수를 바로잡지 못할 뿐만 아니라 또다른 실수들을 연거푸 저지르게 된다. 이제 그는 자신을 부끄럽게 여길 것이고, 어느 날 "직무 부적합"이라는 평가와 함께 해고를 당할 수도 있다.

> 아, 끝없는 죄책감과 모욕감 위에서 얼마나 달콤한 상호의존관계가 만들어지는가.

　어른들이 큰소리로 아이를 비난하며 실수를 바로잡을 기회를 주지 않으면 책임감이 생겨야 할 자리에 죄책감이 들어온다. 상황을 파악하기도 전에 아이에게 사과부터 강요할 때에도 마찬가지이다. "아, 너 못됐구나! 미하일을 왜 때리니? 당장 사과해!"

　부모가 아이의 후회(청소년이라면 "흠, 미안."으로 일축한다)로 충분하다고 여기면 차차 아이는 후회하는 모습을 보여줌으로써 책임을 회피하는 습관을 만들어 간다. 그러나 성인이 되면 아무도 당신이 자책하고 있다는 사실에 관심을 보이지 않는다.('죄책감'으로 상처 입은 사람들조차도.) 어른의 세계에서는 실수를 바로잡고 올바른 결론을 도출하고 같은 상황을 반복하지 않는 것이 중요하다. 자신이 얼마나 후회하고 있는지 생생하게 표현하는 것은 어리석고 우스워 보일 뿐이며, 사람들은 이런 이들에게 같은 방식으로 대해 준다. 당신은 아마도 후회를 하고 똑같은 행동을 반복하고 또다시 후회하고, 이를 끝없이 반복하는 성인들을 본 적이 있을 것이다. 이런 성인들은 죄책감과 책임감의 차이를 깨닫지 못한 '잘못한' 아이들로부터 자라난 것이다. "아! 난 네 앞에 영원한 죄인이야! 미안해, 미안해, 미안해…." 그러나 이후에도 늘 같은 자리를 맴돈다.

> 아이에게 창피를 주고 죄책감을 심어 주면, 아이는 자기가 나쁘고 쓸모없는 사람이라고 생각한다.

죄책감은 수치심과 매우 닮아 있고 이 둘은 자주 함께 다닌다. 공통점도 있다. 둘 다 자신감이 없는 곳에서 자란다는 것이다. 반면에 차이점도 있다. 죄책감이 자신의 행동에 대한 지각이라면 수치심은 자기 자신에 대한 지각이다. "그런 행동을 한 건 내 잘못이야. 이제 나에 대해 어떻게 생각할지 부끄러워."

또한 죄책감은 모욕감과도 연결된다. 모욕감은 다른 사람이 죄책감을 느끼게 하기 위해 표현된다. 죄책감과 마찬가지로 모욕감 역시 상대방을 조종하는 도구로 이용되는데 둘 다 건강한 관계에서는 있어서는 안 되는 것들이다. "그가 나를 모욕했으니 나는 모욕감을 힘껏 표현하겠어. 그러면 자기가 얼마나 잘못했는지를 깨닫고 괴로워하겠지. 자기가 얼마나 후회하고 있는지 제대로 보여 주지 않으면 용서하지 않을 거야." '죄책감-모욕감' 게임이 인간관계를 위한 정상적인 노력과 개인의 발전을 대체하는 것이다.(아, 끝없는 죄책감과 모욕감 위에서 얼마나 달콤한 상호의존관계가 만들어지는가.)

아이에게 책임감을 길러 주고, 죄책감과 수치심으로 옭아매지 마라. 이렇게 하기 위해서는 부모의 말이 아이 자신에 대한 평가를 담으면 안 된다("넌 나쁜 아이야! 넌 무책임해! 넌 칠칠치 못해!"). 아이의 행동으로 인해 생겨난 당신의 감정을 표현할 때는 주어가 '나'인 문장을 사용하는 것이 좋다. 이는 부모의 감정을 아이의 행동으로부터 분리한다. "네가 나를 창피하게 만드는구나."가 아니라 "내 마음이 불편하구나, 내 마음이 좋지가 않구나."이다. "네가 날 화나게 하는구나."가 아니라 "나는 이럴 때 화가 나."이다. 다른 사람이 보는 앞에서 아이의 잘못을 따지지 마라. '사후 분석'은 반드시 둘만 있을 때 하라. 그렇지 않으면 책임감이 아니라 수치심이 길러진다. 이 둘의 차이는 무엇인가? 책임감은 자신감에서 나오고 수치심은 좌절감에서 나온다.

- √ 행동과 결과 사이의 상호 관계를 아이가 이해할 수 있도록 항상 도와주어라.
- √ 먼저 본보기를 보여라. 부모 스스로가 죄책감과 수치심에서 벗어나라. 책임감만을 남겨라. 교육은 이것만으로도 충분하다.
- √ 형식적으로 사과하도록 가르치지 말고 아이의 생각이 이렇게 흘러가도록 유도하라. '무슨 일이지? 이것이 왜 나쁘지? 이제 상황을 어떻게 고쳐야 하지?'
- √ 아이에게 질문을 하라. "네가 그렇게 하면 그 사람의 기분이 어떨 것 같아?", "네가 그 사람이었다면 어떤 기분이 들 것 같아?", "네가 그 사람이었다면 뭘 바랐을 것 같아?", "이걸 바로잡으려면 네가 어떤 걸 해야 할까?"

코칭 육아법

일반적으로 나는 직접적인 지시를 내리기보다는 질문을 더 자주 한다. 전문 심리학자로서의 방식이 평소 나의 소통에서도 나타난다. 상담에서는 내담자에게 어떻게 행동하라는 직접적인 지시나 충고를 해서는 안 된다. 대신 내담자가 스스로 상황을 이해하고 자신의 의도를 파악하고 결정을 내리도록 도와주는 질문을 한다. 코칭 방법을 사용할 때는 더욱 그러하다.

내 첫 직업은 교사였다. 그 후 코칭 분야를 추가로 전공해 상담심리학자가 되었다. 나 스스로는 두 분야의 차이를 이렇게 본다. 교사는 명확한 지시를 내리고 정해진 절차와 방법을 제시한다. 반면에 코치는 "이렇게 해야 해, 이렇게 하면 안 돼."라고 말하지 않는다. 코치는 상대가 자신이 무엇을 해야 하는지 스스로 깨달을 수 있는 상황을 만들어 준다.

코칭의 기본 4단계

- ✓ 목표를 수립한다. "당신이 원하는 것이 무엇인가."
- ✓ 당면한 상황을 분석한다. "현재 상황은 어떠한가? 지금 무슨 일이 벌어지고 있는가?"
- ✓ 행동 계획을 수립한다. "무엇을 할 수 있는가?"
- ✓ 즉시 시행한다. "이를 위해 오늘 무엇을 할 것인가?"

제3장_ 독립적인 아이에서 독립적인 어른으로 255

　내 안의 심리학자가 코칭법을 처음 접한 순간 내 안의 교사가 말했다. "멋져! 이건 아이들 교육에도 쓰일 수 있겠어!"
　부모의 입장에서 코칭 육아는 아이의 욕구를 파악하는 것이다. 무엇을 하라는 명확한 지시는 적게 하고, 아이가 스스로 탐색하고 탐험할 수 있는 기회를 더 많이 제공하는 것이다. 아이는 자신의 바람과 선택지를 탐색하고 용기 있게 결정하고 그 결과에 대한 책임을 갖는다.

코칭 육아는 부모와 아이가 함께 만들어 가는 것이다.
코칭법의 핵심은 '마법의 질문'을 활용해 아이를 안내하는 것이다.

아이를 이끄는 '마법의 질문'

- ✓ 네가 바라는 것은 뭐니?
- ✓ 네게 이것이 왜 필요할까?
- ✓ 네가 바라는 걸 이미 얻었다고 상상해 봐. 이걸로 뭘 할 거니? 이걸로 얼마나 기쁠 것 같아? 정말로 이걸 원하는 거니?
- ✓ 네게 왜 이것이 없다고 생각해?
- ✓ 무엇이 상황을 바꿀 수 있을까?
- ✓ 넌 무엇을 할 거야?

- √ 이게 다일까? 더 없을까?
- √ 이것이 너와 다른 사람들에게 어떤 결과를 가져올까?
- √ 여기서 네게 가장 힘든 게 뭐야?
- √ 누가, 어떻게 너를 도울 수 있을까?
- √ 누가 혹은 무엇이 방해할 수 있을까? 어떻게 하면 그걸 예방할 수 있을까?
- √ 너와 같은 상황에 처한 사람이 있다면 뭐라고 충고하겠니?
- √ 네가 아는 가장 현명한 사람과 대화를 한다고 상상해 봐. 그가 너에게 뭘 하라고 말할 것 같아?
- √ 이 다음에 뭘 해야 할지 모르겠네. 네 생각은 어때?
- √ 다른 사람이 그렇게 말하거나 행동했다면 네 기분은 어땠을 것 같아? 그 다음엔 어떤 행동을 했을 것 같아?
- √ 그렇게 했을 때 네가 얻는 건 무엇이고, 잃는 건 무엇일까?
- √ 이걸 위해 넌 무얼 할 수 있어야 하지? 이 기술을 어디에서 얻을 수 있을까?
- √ 어떤 지식이 필요할까? 어디서, 어떻게 이 지식을 얻을 수 있을까?
- √ 언제 이걸 시작할 거니?
- √ 이렇게 하면 네 목표를 분명히 달성할 수 있겠어?
- √ 어떤 어려움과 장애물을 만날 수 있을까?
- √ 그런 어려움을 만나면 어떻게 할 거야?

질문 활용 예 (엄마와 아들의 대화)

— 게임기 사고 싶어요.

— 왜?

— 게임 하려고요. 재미있잖아요. 친구들은 벌써 다들 게임기가 있어요.

— 그러면 너는 왜 아직 게임기가 없을까?

— 엄마가 안 사주니까요!

— 엄마가 왜 안 사주는데?

— 돈이 없으니까요.

— 정말 정말 돈이 하나도 없을까?

— 있기야 있죠. 하지만 그 돈을 게임기에 쓰지 않으니까요.

— 왜 그럴까?

— 엄마는 다른 물건에 그 돈을 쓰니까요.

— 어떤 물건?

— 아마도⋯ 더 필요한 것들요.

— 이 상황을 어떻게 하면 바꿀 수 있을까?

— 글쎄요, 돈을 아끼면 될까요?

— 게임기를 위해서 넌 뭘 포기할 거야?

— 영화랑 초콜릿이요.

— 그렇게 했을 때 한 달에 얼마나 아낄 수 있는지 계산할 수 있어?

— 천 루블 정도요.

— 그렇게 모아서 게임기를 사려면 몇 달이 걸릴까?

— 1년 반이요.

― 1년 반을 기다릴 수 있어? 1년 반 동안 영화 안 보고 초콜릿 안 먹기로 결정한 거야?

― 아니요.

― 그럼 다른 아이디어 있어?

― 엄마가 돈을 더 많이 버는 거요.

― 그래. 어떻게 하면 엄마가 돈을 더 많이 벌 수 있을까?

― 일을 더 많이 하면 돼요.

― 그럼 그 시간을 엄마는 어디에서 만들까?

― 뭔가 다른 걸 안 하는 거죠.

― 예를 들면? 안 자고 안 먹고 안 쉴 수는 없어. 이것 말고 엄마가 시간을 쓰는 게 뭐가 있지?

― 장 보러 가고, 요리하고, 설거지하는 데요.

― 그리고 또?

― 청소기도 돌리고요.

― 이 중에 엄마가 안 할 수 있는 게 뭘까? 엄마 대신 이걸 해줄 사람이 있을까?

― 내가 청소기 돌리고 설거지할 수 있어요.

― 훌륭해! 마침 식기세척기를 사려던 참이었어. 식기세척기랑 게임기가 값이 비슷한데 네가 설거지를 맡아 주면 엄마는 세척기가 필요 없지. 그러면 게임기를 사고, 그 대신 네가 매일 설거지하는 거야?

― 당연하죠!

― 엄마가 식기세척기 살 돈을 다시 모으려면 반 년은 걸릴 거야. 6개월 동안 매일 설거지할 각오가 된 거지?

— 네, 할 수 있어요.
— 그런데 네가 약속을 지키지 않으면 어떡하지? 엄마가 게임기를 사 줬는데 네가 설거지를 하지 않으면? 그러면 엄마는 어떡하지?
— 음, 게임기를 압수하면 되지 않을까요?
— 게임기를 사자마자 네가 너무 많이 해서 이틀 만에 싫증났다고 설거지를 관두면? 엄마는 식기세척기 살 돈도 없고 깨끗한 식기도 못 갖게 되는데? 그럼 엄마는 기분이 어떨까? 네가 엄마라면 어떤 기분이 들겠어?
— 속은 기분이 들 거예요.
— 너라면 너를 속였던 사람을 계속 믿겠어?
— 아니요.
— 그 사람이랑 다른 약속을 할 수 있을까?
— 아니요.
— 게임기를 갖고 나면 더 이상은 갖고 싶은 게 안 생길까?
— 그럴 리가요.
— 그럼 네가 이번에 약속을 지키지 않으면 다음 번에 네가 바라는 건 엄마가 안 들어줄 거라는 것 알겠지? 약속을 지키는 게 네게도 이롭다는 것 알지?
— 물론이죠.
— 네가 약속을 못 지키는 날이 생긴다면 그 이유가 뭘까?
— 피곤하면 그럴 수 있을 것 같아요.
— 그러면 이 문제는 어떻게 대비할 수 있을까?

내 안의 심리학자가 코칭법을 처음 접한 순간 내 안의 교사가 말했다. "멋져!"

― 일요일 하루는 설거지 휴가를 주세요.

― 좋아. 그러면 먼저, 며칠 동안 식기를 닦아 보고 네가 이걸 할 수 있겠는지 알아보는 건 어때? 일주일 동안 매일 설거지를 하다 보면 게임기가 이만큼의 가치가 있는 건 아니라고 느낄 수도 있잖아.

― 좋아요.

그리고 실제로 그렇게 되었다. 1주일이 지나자 아들은 게임기보다 식기세척기가 훨씬 더 필요하다는 데 동의했다. 이렇게 매일 설거지를 하느니 차라리 게임기 없이 몇 달을 살겠다고 했다.

물론 이보다 짧게 끝낼 수도 있었다. "안 돼! 엄마에게 꼭 필요한 기계부터 살 거야." 하지만 그랬다면 나는 아들의 불만과 푸념을 들어야만 했을 것이다. "알았다고요, 사세요…."

* * *

나는 이 대화를 블로그에 올렸다. 글은 삽시간에 인터넷을 통해 퍼지면서 왜곡되었고 댓글이 폭주했다.

"아이는 이런 대화를 이어가지 못한다."

"비현실적인 대화. 이 글을 쓴 사람은 한 번도 어린이를 본 적이 없는 게 분명하다!"

"대부분의 아이는 세 번째 질문이 나오기도 전에 자리를 뜰 것이다!"

"음, 전혀 다른 대답들이 나올 수도 있지 않은가. 이런 결정에 이르렀다는 게 사실일 리가 없다."

"뭣 하러 어린애 머리를 그렇게 썩이는 거야! 그냥

> 그러면 먼저, 며칠 동안 식기를 닦아 보고 네가 이걸 할 수 있겠는지 알아보는 건 어때?

안 사주면 되는 거잖아?"

뭣 하러냐고? 이를 통해 아이는 인생에서 발생할 수 있는 문제를 해결해 보는 경험을 한 것이다.

물론 다른 대답들이 나왔을 수도 있다. 최종 합의도 달랐을 수 있다. 중요한 건 그 합의 내용이 양쪽 모두를 납득시켰다는 점이다. 이런 상황에서는 올바른 결정이 하나만 있는 것이 아니다. 그러나 이러한 대화는 반드시 이루어져야 한다. 훈계와 지시는 가능한 한 적게 하고 질문을 더 많이 하는 것이다. 질문을 많이 듣는 아이는 질문에 대답하는 법만 배우는 게 아니다. 아이는 스스로에게 질문하는 법을 함께 배우고 그 질문에 답을 찾는 법을 배운다. 이는 성인에게도 매우 중요한 기술이다. 열한 살짜리 아이가 이런 "비현실적인" 대화를 할 수 있으려면, 우선 아이와 대화를 해야 한다. 그러나 아이에게 질문을 던지기 시작하는 건 열한 살 때가 아니라 그보다 훨씬 더 어릴 때부터이다.

예컨대 네 살 난 아이와는 이런 대화를 나눌 수 있다.

― 엄마, 내 장화 어디 있어?

― 장화가 어디에 있을 수 있을까?

― 몰라.

― 장화가 보통 어디에 있지?

― 현관에. 근데 안 보여.

― 더 주의 깊게 살펴봐도?

― 아, 여기 있네.

제3장_ 독립적인 아이에서 독립적인 어른으로

* * *

가게 출입구에서.

― 엄마, 주스 좀 따줘.
― 장바구니를 들고 있어서 손이 없어. 손을 어떻게 비우지?
― 장바구니를 내려놓으면 되지.
― 안 돼. 여긴 더러워. 다른 아이디어 있어?
― 내가 잠깐 들고 있을게. 엄마는 주스 따줘.
― 그러자.

* * *

주방에서.

― 엄마! 오늘은 평범한 카스텔라 말고 초코 카스텔라 만들자!
― 그래, 근데 이걸 어떻게 초코 카스텔라로 바꾸지?
― 식용유 대신 초콜릿을 넣어 보자!

* * *

유치원에서 나오며.

― 안드레이가 우리 집에 놀러 왔으면 좋겠어!
― 네 바람을 안드레이가 어떻게 알게 하지?
― 말해 주면 돼!
― 안드레이가 우리 집에 혼자 올 수 있어?
― 아니, 아빠나 엄마가 데려다줘야지.
― 우리 집을 어떻게 찾아올까?

― 안드레이네 부모님에게 우리 주소를 알려 주자!
― 주소를 어떻게 알려 주지?
― 엄마가 전화로 알려 줘.
― 안드레이 부모님 전화번호가 없어. 번호를 어떻게 알아낼지 아이디어 있니?
― 그럼 내일 조금 일찍 와. 안드레이 부모님이 올 때까지 기다렸다가 만나서 이야기하자.

√ 분명한 지시와 정해진 방법을 매번 알려 주지 말고 질문을 통해 아이가 스스로 답을 찾게 하라. 이렇게 발달하는 아이의 뇌는 점점 더 훌륭한 해결책을 찾아낸다.

여자아이에게도 독립성이 필요한가

독립성은 남자아이들에게만 중요하다는 주장을 나는 수차례 접해왔다. 대략 이러한 내용이다. "남자아이들은 집안의 가장이 되어 가족에 대한 책임을 지기 때문에 독립성이 필요하다. 반면에 여자아이는 온화하고 순종적이어야 하며, 여성의 힘은 그 유약함에 있다. 결정은 남자아이들의 몫이고 여자아이들의 일은 동의를 하는 것이다. 그러므로 여자아이의 독립성이라는 것은 요리하고 청소하는 집안일 영역에만 국한되어야 한다. 그리고 여자아이들에게는 이 마법의 문장 '응, 자기야,

자기 말대로 할게.'를 가르쳐야 한다. 독립적인 사고력과 의지, 자기결정권, 자기충족 능력 등은 여자아이의 결혼을 방해할 뿐이다. 여자아이는 부모의 집에서 곧바로 남편의 집으로 넘어가는 게 이상적이다."

나는 이런 주장에 동의할 수 없다. 순종적인 아내가 있는 가정이 실제로 좀 더 평탄하고 이혼율이 낮을 수는 있다. 그러나 이것이 곧 그 가정이 더 행복하다는 뜻일까? 가족과 함께 있을 때 내가 편안하다는 것을 알기 때문에 스스로 선택하여 가정 안에 있는 것과, 혼자 남겨진다는 두려움("나 혼자서는 살아가지 못해.") 때문에 가정 안에 남아 있는 것 사이에는 큰 차이가 있다.

독립성을 단순한 가사 능력으로 국한하지 않고 더 넓은 의미로 본다면, 이는 곧 자기충족성과 통합성*이다. '통합된 사람'은 역시 '통합된 사람'들과 관계 맺는 것을 선호한다. 이러한 사람들은 함께 나누려는

---

* 구성요소들이 모순·갈등·충돌이 없을 뿐만 아니라 서로 의미 있게 연결되어 응집력을 가진 상태 (역자 주)

바람에서 관계를 만들기 때문에 서로의 내면 세계를 풍요롭게 한다. 반면에 의존적인 사람은 내면적인 결핍을 느끼고 있으므로 무엇을 얻어내려는 바람에서 관계를 만든다. 의존적인 사람은 "나줘." 하는 어린아이의 입장을 취한다. 이 같은 관계에서는 불만과 분노가 자주 발생한다. 이는 본질적으로 "자동차 안 주면 너랑 안 놀 거야." 하는 식으로 끝없이 다투는 아이들의 관계와 같다. 유일한 차이는 진짜 아이가 아니라 '다 큰 아이'들 사이에서 벌어진다는 것뿐이다. "바르게 행동하면 장난감 사 줄게."로 다져진 부모-자녀 관계 역시 이와 비슷한 관계가 될 수 있다. 설령 양측이 모두 이러한 전략을 통해 이득을 얻는다고 해도 이는 결코 조화로운 관계가 아니다.

타인과의 관계를 만들기에 앞서 사람은 자기 자신과의 관계를 먼저 만들어 놓아야 한다. 자신을 이해해야 하고, "나는 누구인가? 나는 어떤 사람인가? 나는 관계에서 무엇을 원하는가? 어떤 배우자가 나에게 필요한가? 나는 배우자에게 무엇을 해줄 수 있는가?" 같은 질문에 답할 수 있어야 한다.

스스로는 아무것도 결정하지 못하는 순종적인 소녀는 이런 질문에 답을 할 수가 없다. 자신은 누구이고, 어떤 사람이어야 하고, 관계에서 역할은 무엇이며, 어떤 배우자가 필요한지 등이 자신의 의지와 관계없이 이미 결정되어 있다. 물론 관계를 맺을 기회는 많을 것이다. 하지만 행복할 기회도 그만큼 많을 수 있을까?

독립적인 소녀도 어른이 되어 이렇게 말할 수 있다. "응, 자기야, 자기 말대로 할게." 그러나 이것은 스스로가 동의하기 때문이지 이 말밖에 할 줄 몰라서가 아니다.

경제적 독립

때가 되면 아이는 다른 도시로 유학을 떠나는 등 혼자 살기 시작한다. 하지만 아직은 부모의 돈으로 살아간다. 이때가 경제적 독립을 배우는 첫 번째 과정이다. 성인이 된 아이는 이제 자신의 돈을 잘 관리해야 한다. 자신의 지갑에 부모가 다시 용돈을 채워 줄 때까지 돈이 충분하도록 말이다.

대학 시절에 친구들과 어울리면서 나는 이들을 네 타입으로 분류했었다.

- √ 용돈을 전혀 계산하지 않는 사람들. 이들은 언제든지 얼마든지 부모의 주머니에서 돈이 나온다.
- √ 용돈을 받은 즉시 계산하지 않는 사람들. 며칠 후면 그냥 돈이 없어진다. 음식을 사주거나 돈을 빌려줄 거라는 기대로 사람들을 찾아다닌다.
- √ 돈을 계산하는 사람들. 항상 다음 번 용돈이 들어올 때까지 돈이 있다.
- √ 돈을 계산할 뿐만 아니라 저축까지 하는 사람들. 이들은 만약을 대비해 재정적인 완충 장치를 만든다.

열 살 난 아이가 수중에 돈이 생겼을 때 어떻게 행동하는지를 보면 그 아이가 훗날 대학생이 되었을 때 보여 줄 경제 행동을 예견할 수 있다. 예를 들어 친척들 중 누군가가 생일 선물로 아이에게 돈을 주었을 때,

- √ 곧바로 가게로 달려가 눈에 들어오는 걸 모두 사면서 그 돈을 다 써

버릴 수도 있다.
- √ 사고 싶은 걸 먼저 생각해 보고, 이 돈으로 뭘 살 수 있는지 대략 계산하면서 그 돈을 며칠간 가지고 있을 수도 있다.
- √ 저금통에 넣을 수도 있다. 아이는 지금 중요하고 비싼 것을 사려고 돈을 모으고 있기 때문이다.
- √ 저금통에 넣을 수도 있다. 저금통에 든 돈 자체가 아이에게 즐거움과 만족감을 주기 때문이다. "나중에 정말 갖고 싶은 게 생기면 이 돈을 쓸 수 있어."라는 만족감이다.

그리고 이런 행동들은 어른들이 간섭하지 않을 경우, 다섯 살짜리 아이가 새해 선물로 받은 초콜릿 자루를 어떻게 다루는지와도 매우 닮았다.

- √ 곧바로 다 먹어 버릴 수도 있다.
- √ 행복한 시간을 늘리기 위해 며칠에 걸쳐 조금씩 먹을 수도 있다.
- √ 조금만 먹고 남은 초콜릿은 감춰둘 수도 있다. 한적한 구석 어딘가에 초콜릿이 있다는 생각이 즐겁기 때문이다.

―――
독립성은 남자아이들에게만 중요하다는 주장을 나는 수차례 접해 왔다.
―――

그리고 이 행동들은 또 세 살 난 아이들이 유치원에서 받은 사탕을 다루는 모습과 매우 닮아 있다. 아이들은 대부분 그 자리에서 사탕을 모두 먹는다. 하지만 사탕을 사물함으로 가져가는 아이가 어느 반이든 꼭 한 명씩은 있다. 그 후 시나리오는 다양하게 발전할 수 있다. 잠시 후에 사탕을 다 먹을 수도 있고, 또는 조금만 먹고 나머지는 다시 사탕봉지에 싸서 사물함에 넣어두고 행복한 시간을 늘릴 수도 있다. 다섯 번쯤 사물함에 다녀오고 나면 그제서야 사탕이 '사라질' 것이다. 혹은 다른 아이들이 사탕을 모두 먹을 때까지 기다렸다가 과시하듯 꺼내어 향연을 즐길 수도 있다. 이렇게 하는 아이는 사탕만 즐기는 것이 아니라 친구들의 관심도 즐기게 될 것이다. 아이들 중에 몇몇은 분명히 부러운 눈으로 이 아이의 입만 쳐다볼 것이기 때문이다. 아니면 아예 사탕을 집으로 가져갈 수도 있다.

아이가 선호하는 방식은 대부분 아이의 기질에 달려 있다. 기질은 아이가 태어나면서부터 갖고 있는 특성들의 집합체로, 성격이 형성되기 전부터 존재한다. 그러나 자원을 이성적으로 다루는 법은 다른 능력들과 마찬가지로 훈련시킬 수 있다. 아니 훈련시켜야만 한다. 특히 당신의 아이가 미래에 대해 전혀 생각하지 않고 돈을 곧바로 모두 써버리길 좋아한다면 더욱 그러하다. 훈련은 아이가 이미 대학생이 되어 다른 도시에서 살게 되었을 때가 아니라 훨씬 더 이른 나이에 시작할수록 좋다.

초등학교 고학년 아이들에게는 가끔씩 돈과 관련된 계획을 만들어 보게 할 수도 있다.

예컨대 이런 문제들을 주는 것이다.

✓ 정해진 비용 안에서 온 가족의 하루 세 끼 식사를 계획하기. 메뉴도 결정해야 하고 어디에 얼마가 들어가는지 대략 계산해야 한다. 필요할 경우 메뉴를 수정하도록 한다.

✓ 정해진 비용 안에서 멋진 생일 파티 준비하기. 금액이 제한되어 있기 때문에 행복이 돈의 액수가 아니라 자신의 창의성에 달려 있다는 걸 깨달을 수 있다.

✓ 정해진 비용 안에서 여름 옷을 구매하기. 비싼 옷을 한 벌 살지 아니면 싼 옷을 여러 벌 살지, 아니면 옷감을 사다가 직접 만들지 등을 결정하도록 한다.

✓ 정해진 비용 안에서 가족의 여름 휴가나 주말 나들이 계획하기. 교통, 숙식, 관광비를 계산하고 초과할 경우 어디에서 비용을 줄일 수 있을지 수정하도록 한다.

초등학생에게 용돈 주기

정해진 금액으로 처음엔 1주일에 한 번씩 준다. 조금씩 금액을 늘리고 나중에는 한 달에 한 번 준다. 용돈은 아이가 관리한다. 아이의 과제는 주어진 기간 동안 돈이 모자라지 않도록 하는 것이다. 부모의 과제는 액수와 주기를 잘 지키고, 나의 후계자가 눈물로 호소하는 "용돈 좀 더 주세요." 시리즈에 절대 흔들리지 않는 것이다.

> 아이들은 대부분 그 자리에서 사탕을 모두 먹는다. 하지만 사탕을 사물함으로 가져가는 아이가 어느 반이든 꼭 한 명씩은 있다.

미취학 아동에게 용돈 주기

1주일 치 금액을 정한다. 아이 손에 돈을 쥐여 주는 것이 아니라 금액만 계산한다. 말로 계산하는 연습도 좋다 "오늘 '내 돈'에서 몇 루블을 썼고 어제는 몇 루블을 썼으니 이제 나한테 남은 건 몇 루블이야." 하는 식이다.

이런 식으로 아이의 변덕스러운 '위시리스트'를 조절하는 것은 부모에게도 매우 유익하다. 부모의 정신적 에너지를 절약할 수 있기 때문이다. 아이의 "나 이거 갖고 싶어."에 쓸 돈이 이미 가정의 예산에 반영되어 있기 때문에 부모 역시 아이의 지출에 너그럽게 대처할 수 있다. 이러한 부모는 가게에서도 차분하게 이야기할 수 있다. "좋아, 50번째 공룡이나 20번째 로봇, 엄마가 사 줄게. 하지만 네 돈으로 사는 거 알지?" 그 순간 아이의 머릿속에서는 감정적인 "사고 싶어."와는 다른 두뇌 활동 하나가 켜진다. 이 공룡을 산 뒤 '자기' 돈이 얼마나 남는지를 대충 생각하고 나면 아이는 종종 "아니요, 생각이 바뀌었어요."라고 한다. 그리고 이것은 아이가 스스로 내린 결정이다.

2~3세 아이에게 용돈 주기

돈을 갯수로 계산하는 방법을 추천한다. 예를 들어, 마트만 가면 카트가 순식간에 군것질거리로 가득 차는 문제를 우리는 이런 식으로 해결했다. 마트에 들어가기 전에 먼저 규칙을 정한다. "엄마는 과자나 사탕을 2개만 사줄 거야." 아이는 우선 아이스크림을 집어 카트에 넣었다. 그리고 잠시 후에 초코과자를 넣었다. 그 다음엔 머랭을 집었다. 잠깐! 이건 벌써 세 개째야. 하나는 빼야 해. 아이는 선택을 해야 한다. 과자가 선반으로 되돌아간다. 그 다음엔 젤리를 만났다. 그러자 머랭이 선반으로 되돌아간다. 아이스크림은 변함없이 사랑받고 있다. 이런 식으로 아이는 자기가 가진 재원을 사용하는 법을 배운다. 그리고 재원을 이성적으로 사용하는 능력은 경제적 독립을 위해 반드시 필요한 요소이다.

맺음말

내가 이 일을 시작한 지 벌써 20년 가까이 되어 간다.
나는 유치원 보육교사였다.
나는 학교 교사였다.
나는 대학 강사였다.
나는 러시아 대기업들의 인사 평가에 참여하곤 했다.
나는 상담심리학자이다.

내가 일을 하면서 만난 사람들의 연령대는 2세부터 50세까지였다. 이처럼 폭넓은 청중 덕분에 나는 미취학 아동과 리더 자리에 지원하는 성인의 역량 개발 사이의 유사성 - 2세 유아의 자기충족 능력과 20세 청년의 자기통제 능력이 얼마나 연관되어 있는지 - 을 직접 볼 수 있었다.

정보를 분석하는 능력, 결정을 수용하고 그 결정에 책임을 지는 능력은 20세의 성인에게 한줄기 빛처럼 하루아침에 갑자기 내려앉지 않는다.

재원을 이성적으로 사용하는 능력, 사람의 잠재력을 최대한 끌어내는 능력 또한 마찬가지이다.

갈등을 해결하는 능력과 사업 파트너를 고르는 능력 역시 어린 시절부터 조금씩 길러진다.

아이디어를 생산하고 결과를 계산하고 리스크를 예측하는 능력도 마찬가지이다.

이 모든 능력은 선택하고, 시도하고, 실수하고, 그 실수들을 분석하는 경험에서 자라난다.

이 모든 능력은 침착하게 아이를 믿고 아이의 선택을 지지해 주려는 부모로부터 자라난다.

이 모든 능력은 아이를 세상으로 내보낼 준비가 된 부모로부터 자라난다. 처음엔 걸음마 세상으로, 그 다음엔 아이 자신의 삶으로.

이 모든 능력은 자신만의 삶으로 나아갈 준비를 하는 데서 자라난다.

그러나 먼저 스스로 선택하는 법을 배워야 한다.

단계적으로.

자기통제라는 무기로 무장을 하고.

자기 동기부여를 통해 행동하면서.

중요한 것은, 아이가 클수록 함께 늘어나는 부모의 불안과 완벽주의를 잠재우는 것이다.

아이를 부모의 후속편이나 에고의 확장으로 받아들이지 말고, 자신만의 소망과 욕구를 가진 독립된 존재로 받아들여라.

부모 스스로를 자신만의 소망과 욕구를 가진 독립된 존재로 받아들여라.

부모는 아이의 부록이 아니며, 아이의 요구를 들어주기 위해 모든 걸 희생해서는 안 된다.

자율적이고 독립적인 아이는 자율적이고 독립적인 부모에게서 나온다.

아이를 키우면서 우리는 우리 자신을 키운다. 이 양방향의 과정에는 언제나 수많은 질문이 생긴다.

그리고 질문들 속에는 항상 발전의 가능성이 가득 들어 있다.

아이를 양육하는 데 있어 명확한 지시보다 질문이 더 많이 들리게 하라.

아이들에게 질문을 하라. 스스로에게도 질문을 하라. 대화 속에서 관계가 만들어진다.

관계가 원칙들보다 중요하다.

서로 사랑하라!

게으른 엄마의 육아혁명
독립적인 아이로 키우는 육아법

초판 발행 2024년 11월 25일

지은이 안나 브이코바
옮긴이 이은희

펴낸이 김선명
펴낸곳 뿌쉬낀하우스
편집 김현정, 다리야 미하일로바
디자인 박서현
주소 서울시 중구 퇴계로20나길 10, 신화빌딩 202호
전화 02)2237-9387
팩스 02)2238-9388
이메일 book@pushkinhouse.co.kr
홈페이지 www.pushkinhouse.co.kr
출판등록 2004년 3월 1일 제 2004-0004호

ISBN 979-11-7036-089-6(03590)

Published by Pushkin House. Printed in Korea.
Copyright ⓒ 2024 Быкова А.А.
Copyright ⓒ 2024 Pushkin House

✽ 이 책은 저작권법에 의해 보호를 받는 저작물이므로 무단 전재와 무단 복제를 금합니다.